Il faut toujours un doyen pour débuter...
Et c'était son anniversaire...

Nous écrivons l'Histoire de cette commune nouvelle. Les absents la ratent... On peut ne pas voir pour de multiples raisons : œillères, regard perdu dans le passé... Alors, en 2017... qui est... en marche ? Ou en marche arrière ?

Montcuq en Quercy Blanc
13 août 2017

Le salon du livre 2eme

Du même auteur (sous d'autres noms)

Essais

Les villages doivent disparaître !
Comment devenir écrivain ? être écrivain !
Contrairement à Gérard Depardieu, dois-je quitter la France ?

Romans

Le Roman de la Révolution Numérique
Ils ne sont pas intervenus
Le roman du show-biz et de la sagesse
Quand les familles sans toit sont entrées dans les maisons fermées
Viré, viré, viré, même viré du Rmi !
Liberté j'ignorais tant de Toi

Théâtre

Neuf femmes et la star
Les secrets de maître Pierre, notaire de campagne
Ça magouille aux assurances
Chanteur, écrivain : même cirque
Deux sœurs et un contrôle fiscal
Amour, sud et chansons
Pourquoi est-il venu ?
Aventures d'écrivains régionaux
Avant les élections présidentielles
Scènes de campagne, scènes du Quercy
Trois femmes et un Amour
J'avais 25 ans

Photos

Vitraux lotois
Cahors, 42 inscriptions aux Monuments Historiques
Montcuq en Quercy Blanc

Théâtre pour troupes d'enfants

La fille aux 200 doudous
Les filles en profitent

* extrait du catalogue, voir www.ternoise.net

Stéphane Terdream

Montcuq en Quercy Blanc
13 août 2017

Le salon du livre 2eme

Jean-Luc Petit éditeur - Collection Edition

Montcuq, l'historique :
www.**montcuq**.info
www.**montcuq**.tv

Tous droits de traduction, de reproduction, d'utilisation, d'interprétation et d'adaptation réservés pour tous pays, pour toutes planètes, pour tous univers.

Site officiel : http://www.ecrivain.pro

© **Jean-Luc PETIT - BP 17 - 46800 Montcuq en Quercy Blanc France**

Montcuq en Quercy Blanc
13 août 2017

Le salon du livre 2eme

Je souris.
J'y suis.
Devant l'écran. Dans le Quercy Blanc.
Chez moi. Même pas aux abois !
Ce ne fut pas évident...
Dehors, la canicule.
Et parfois Brigitte... Fontaine... vient me fredonner *Prohibition*... (sourire de libellule)
J'écris encore des textes pour la chanson...

Je suis Anna Blume ! Je l'écrivais en 2016...
J'ai souvent redouté, mis en scène, les risques d'une vie indépendante dans une société où il suffit de peu pour se retrouver catapulté dans un cyclone avec l'impression de ne plus pouvoir rien faire, d'être condamné à craquer face aux murs. De l'avoir conceptualisé m'a sûrement permis de tenir. Quand on sait ce qui peut arriver, passé le choc émotionnel, on peut retrouver une force... stoïcienne... *Je suis Anna Blume* : j'ai repris cette chronique. Elle éclairera, un peu, celles et ceux complètement perdus dans cet édito. Et rassurera les autres...

Merci à Claude, Romane, Blondin, Axelle, Pierre-Louis.

Stéphane Terdream

21 juin 2017 (une raison supplémentaire d'éviter leur "fête de la musique". Les messages codés participent de l'amusement !...)

Y'a une route...

Comme en 2016, elle illustre ce salon.
Elle monte...
Sinueuse.
Nous marchons.
Avançons-nous vraiment ?

L'important, c'est le chemin
(et non où l'on s'imagine "arriver")

Marcher et lire, oxygène le cerveau. Méditer est parfois nécessaire. Asphyxie !

Vous débutez ce livre...

Avant le 13 août 2017 ?

> Vous pouvez participer à la réussite de cette journée lotoise... Naturellement, venir ce jour-là... Mais aussi des gestes simples et rapides : envoyer un mail à votre carnet d'adresses, partager sur facebook et autres... Je vous propose même un texte du genre (vous pouvez le copier / coller en page d'accueil www.montcuq.tv):
>
>> Dimanche 13 août 2017, la deuxième édition du salon du livre de Montcuq-en-Quercy-Blanc accueillera 40 écrivains. Je vous encourage à vous rendre dans la commune nouvelle lotoise pour les découvrir. Un livre a été édité à cette occasion, il est gratuit en numérique, n'hésitez pas à en profiter (10 euros en papier).
>> Toutes les informations sur www.montcuq.tv
>> N'hésitez pas à faire suivre ce message, la réussite de cette journée, c'est également un "effet boule de mails". On ne sait jamais qui parmi nos contacts sera dans le Quercy ce dimanche-là...
>
> SMS également bienvenus !
>
> Vous pouvez... rejoindre l'organisation de cette journée. Nous manquons de "présence humaine", de bénévoles. Oui, il faudra installer, gérer...

Après le 13 août 2017 ?

> Des vidéos de cette deuxième édition du salon du livre seront normalement visibles sur www.montcuq.tv et la version ebook restera gratuit. Vous pouvez également vous impliquer dans la 3eme édition... Sauf si on fait... plouf... Oui, il ne faut pas exclure qu'il puisse s'agir d'une dernière. **Chantons, rions, soyons heureux de faire.**

Retour de la question d'annuler le salon du livre !

L'imaginaire ou le réel ? L'imaginaire, forcément ! Semblent répondre de nombreux écrivains... Pourtant...
Mêler la "réalité" et la "fiction"... Enfin, il faut l'écrire : quand on raconte, tout devient de la fiction. Aucune "réalité objective"...
J'ai souvent l'impression de "tomber sur des livres" au bon moment. Aucune attirance pour l'œuvre de Delphine de Vigan... Pourtant : *Rien ne s'oppose à la nuit...* et le lendemain *D'après une histoire vraie...* J'y rencontrais l'exploration de ce questionnement, de mon rapport à l'écriture. Donc, *D'après une histoire vraie* : « *Il vous faudra bien l'admettre. La fiction, c'est terminé pour vous. Les séries offrent au romanesque un territoire autrement plus fécond et un public infiniment plus large. Non, cela n'a rien de triste, crois-moi. C'est au contraire une excellente nouvelle. Réjouissez-vous. Laissez aux scénaristes ce qu'ils savent mieux faire que vous. Les écrivains doivent revenir à ce qui les distingue (...)*
Pourquoi crois-tu que les lecteurs et les critiques se posent la question de l'autobiographie dans l'œuvre littéraire ? Parce que c'est aujourd'hui sa seule raison d'être : rendre compte du réel, dire la vérité. Le reste n'a aucune importance. Voilà ce que le lecteur attend des romanciers : qu'ils mettent leurs tripes sur la table. L'écrivain doit questionner sans relâche sa manière d'être au monde, son éducation, ses valeurs (...)
Tes livres ne doivent jamais cesser d'interroger tes souvenirs, tes croyances, tes méfiances, ta peur, ta relation à ceux qui t'entourent... »
Naturellement, "on" peut faire des livres en pensant à leur adaptation pour des écrans...
Il me semble plus naturel de témoigner de son affrontement au monde, tourner autour de ses chocs avec les murs (on se retient parfois en pensant que la littérature, c'est "de l'imagination", comme le prétendaient des profs !... et que nos vies n'ont rien

"d'exceptionnel"... mais la littérature ne se fait pas avec de l'exceptionnel... juste de la matière et du travail...). Oui, il y a forcément affrontement, quand on ose "être écrivain", vraiment. Car c'est là, la manière de "rendre compte" de l'époque. Non "la vérité", mais les possibilités, les impossibilités. Dès entrée dans la voie de "l'improductif industriel", les difficultés surgissent. Aucune réponse toute faite pour régler le "problème de l'argent" mais sauf à bénéficier de rentes, il passera par les conflits, sociaux, familiaux, plus ou moins bien esquivés. D'autres conflits s'enchaîneront. Sauf à débuter en écriture "à la retraite", ce confort historiquement exceptionnel, surtout dans une situation physique et intellectuelle peu délabrée...
Mais attention : « *rendre compte du réel* », notre vie, c'est également toutes les vies que nous n'avons pas vécues, toutes les vies du possible, à un moment donné... ; « *dire la vérité* » : le roman reste un mensonge qui permet d'effleurer "la" vérité...

En interrogeant les écrivains de ce salon, sur ce sujet comme sur d'autres, ils vous apporteront peut-être des réponses totalement différentes des miennes : c'est également cela la littérature : affirmer avec une totale conviction en sachant qu'une autre approche peut aboutir à des positions "inconciliables". Mais la littérature, c'est TOUT, c'est cette diversité. Après, les lectrices et lecteurs y trouvent ce qu'ils cherchent (pas forcément ce que nous avons conçu... subjectivité de la lecture également) Nous sommes dans la compréhension du monde... Donc dans un registre incompatible avec les militants de tous dogmes... Même en amour, nous pouvons donc éprouver des incompréhensions !!!... Inexplicables par exemple à une tête recouverte d'un képi (sauf exception, il doit y en avoir capable de le poser et ouvrir un livre)

Bref... Il s'agit ici du premier livre de Stéphane Terdream, principalement rédigé par d'autres... et

Delphine de Vigan ne figure pas au menu du 13 août...
L'histoire du salon du livre s'écrit également dans ce document annuel...

Ainsi, en 2017, au joli mois de mai, le 11, tôt le matin, au cœur d'un triple SMS à monsieur Alain Lalabarde, notre maire, même si je me précisais prêt à assumer mes engagements, "toujours debout" en résumé renard, je lui proposais de m'éclipser sans vague si les retombées radioactives avaient trop contaminé le sol lotois... résumé "poétique"... Même si elle avait débordé la sphère privée, il laissait à sa juste place la risible affaire... Oui, nous serions nombreux "à ne plus exister", si les "accidents de la vie courante" nous réduisaient en miettes, sentimentales, artistiques ou sociales... Je n'aurais pas "tendu une perche" ainsi à d'autres élus. Bref, nous avons tous régulièrement l'occasion de citer Nietzsche et son « *ce qui ne me tue pas me rend plus fort.* » Plus fort, me semble trop nietzschéen, disons plus détaché des choses, plus humain, tourné vers la compassion et le sourire. Détaché de "toutes choses saignantes" ("*S. Ternoise mort*", nous en avons tellement ri ; nous pourrons jazzer d'une autre disparition désagrégation décomposition dérive...)

Et tout cela, nourrit la création, même la chanson. On raconte. Même Renaud a embrassé un flic avant de l'écrire ! Nous sommes forcément toujours influencés par notre époque (même en vivant loin du brouhaha). **M !**

L'association "Montcuq-en-Quercy-Blanc Cultures" fut créée pour gérer ce salon. Philippe De Riemaecker, après son implication en 2016, nous a "logiquement" rejoints... Claude a accepté les finances...

Ah oui... Il ne s'agit pas d'un "catalogue" avec la présentation officielle dithyrambique des auteurs... mais d'un livre où figurent uniquement celles et ceux qui ont pris le temps de répondre aux questions (ce n'était pas obligatoire pour participer au salon... mais il s'agit là de l'occasion d'un livre "collector"...)

Auteurs

Les mêmes questions furent transmises... Les réponses, fournies par écrit, mail, n'engagent que leur auteur.

15	Gérard Glatt
31	Françoise Poupart
33	Roland Hureaux
35	Colette Brogniart
38	Jean-Michel Chevry
40	Philippe Mellet
43	Chantal Antunes
45	Christian Eychloma
46	Rémi Ros
48	Monique Mahenc
49	Jacques Nunez-Teodoro
52	Magda Pascarel
53	Claude Janvier
54	Brigitte Perrault
56	Patrice Sopel
59	Monique Serey
60	Bernard Stimbre
63	Gilbert Costa
64	Jack Karoll
66	Sylvain Yardin-Suzan
67	Nelly Calarco
68	Thomas Touzel
69	Maïté Lauzely-Darbon
70	Claude Rannou
72	Robert Perrin
74	Jean-Claude Bachelerie
77	Thierry Delrieu
78	Christian Robin
80	André Maron
81	Philippe De Riemaecker
83	Stéphane Terdream

Une de nos voies rurales... Pourtant, il y en avait une... un chemin de traverse...

Gérard Glatt

- En trente mots, au maximum, retenez l'attention...
Je ne saurais trop que dire. Que j'écris pour les autres et pour moi. Que la vie est dans mes romans, quand bien même on y rejoint parfois la mort.

- Votre catalogue est composé de combien de livres, dans quels genres ?
Romans : 9 ; livres pour la jeunesse : 2

- Depuis quand écrivez-vous ?
Depuis mon plus âge. Un premier poème à l'âge de 7 ans, pour ma mère. Elle l'avait conservé. Et puis, un jour, dans ses papiers, je l'ai retrouvé...

- Depuis quand publiez-vous ?
Mon premier roman a été publié en septembre 1977. C'était chez *Calmann Lévy*.

- Quel livre présenterez-vous en priorité ?
Retour à Belle Etoile, bien sûr, qui a reçu le Prix « Salondulivre.net » 2017. Mais aussi *Les Sœurs Ferrandon*, la suite naturelle, que l'on peut toutefois lire indépendamment.

- Vous êtes soit "édité par un éditeur traditionnel" ou votre propre éditeur, pouvez-vous nous exposer les raisons, avantages et inconvénients de ce "mode d'édition" ?
Mes éditeurs successifs sont tous des éditeurs

traditionnels : *Calmann Lévy*, dans un premier temps ; *Hachette*, pour les livres jeunesse ; puis : *Orizons*, *De Borée* et, maintenant, *les Presses de la Cité*. Egalement les clubs de livres : *France Loisirs* et *Le Grand Livre du Mois*. Et les éditions *A vue d'Œil*, maison d'éditions de livres en grands caractères destinés aux personnes malvoyantes. Les avantages ? J'ai trop peu confiance en moi pour juger seul de ce que j'écris ; de plus, je n'ai pas l'âme commerçante...

- Lisez-vous un peu, beaucoup, passionnément... ?...
Pas assez à mon goût.

- Avez-vous un auteur "de référence" ? Dont vous avez lu, lisez, l'ensemble de l'œuvre ?
Je citerai trois auteurs : Roger Vrigny, Hervé Guibert, Pierre Silvain. Hélas, combien diront connaître les trois ? Et pourtant... Alors j'ajouterai : Roger Martin du Gard, Maupassant, Stefan Zweig et... Proust, bien que je n'ai pas encore tout lu de lui

- Que signifie pour vous "être écrivain" ?
Ecrire, écrire vraiment, se sentir écrivain, c'est tout d'abord répondre à un besoin. Il y a quelque chose de vital dans l'écriture. Etre écrivain ne peut être une simple occupation de retraité. Ce qui ne signifie pas qu'un auteur tardif, ou tout individu en mal d'occupation, puisse livrer à son lecteur quelque texte remarquable. Mais je crois avoir déjà évoqué cette question quelque part.

- Vous sentez-vous observateur du monde, de notre époque ? Vos livres apportent une "compréhension du monde" ou autre chose... ?
Observateur du monde, certainement. Si je considère mes quatre derniers romans, trois d'entre eux évoquent ce que j'exècre le plus au monde : la guerre, de la Seconde Guerre mondiale à l'Afghanistan en passant par la guerre d'Algérie. Mais à quoi bon, tout ça ? Très vite, je me mettrais en colère. Parce que la bêtise n'a pas de bornes. Du moins chez les humains.

- A combien de salons du livre participez-vous en moyenne chaque année ?
Entre 5 et 10, je pense.

- Est-ce votre principal lieu de vente ? (sinon, quel est votre réseau de distribution)
Non, et c'est heureux. Mon éditeur du moment est là…

- Que recherchez-vous dans un salon du livre ?
Devrais-je y chercher qui ou quoi que ce soit ? C'est fonction de l'air du temps, tout simplement.

- État d'esprit actuel ?
L'anxiété, la crainte permanente que tout s'arrête d'un coup. Peut-être serait-ce un bien, finalement ?

- Montcuq-en-Quercy-Blanc… Sans chercher sur le net… Quel est le nom des habitantes et habitants ? (vue poétique autorisée !)
Guère d'idée. En tout cas, j'aime bien Montcuq-en-Quercy-Blanc. J'y vois là une certaine classe.

- Coïncidence de dates… Selon des exégètes de Nostradamus, Paris devrait être détruite le 13 août 2017… Si c'est le cas, devrons-nous néanmoins maintenir ce salon ? Et si Paris reste debout… que devrions-nous faire ?...
Le salon ne peut-être que maintenu ! La destruction de Paris le 13 août prochain, on ne la connaîtra que ce jour-là, tandis que tout aura déjà été préparé pour ce salon. Peut-être même cette catastrophe, si c'en est une, n'aura-t-elle lieu que tard dans la soirée… Alors, pourquoi se priver auparavant ?

- Quant à "la question oubliée", celle à laquelle vous auriez aimé répondre… Question et réponse possibles !
Ah oui, quelle question ? Eh bien, je ne sais pas… Je ne sais pas.

Oui, "être écrivain", Gérard Glatt a déjà abordé cette question, début 2017. Une longue et belle interview, disponible sur www.salondulivre.pro Gérard Glatt étant notre invité d'honneur, je reprends cet échange...

- A 33 ans, sortait votre premier roman, « *Holçarté* », chez *Calmann-Lévy*, 1977. Quel souvenir ? Quel accueil ?
<u>Gérard Glatt</u> : - Quel souvenir ? L'un des plus beaux de ma vie. Mais je dis ça à chaque fois qu'un livre sort, comme je le dis à chaque fois qu'un éditeur m'apprend que mon manuscrit a été retenu. En l'occurrence, pour « *Holçarté* », mon éditeur était Roger Vrigny, prix Femina tandis que je l'avais en classe de première comme professeur de latin/français, et, plus tard, *Grand Prix de l'Académie Française*. A cette époque il était devenu directeur littéraire chez *Calmann Lévy*. C'est par hasard que je l'ai retrouvé là, mais il m'avait déjà lu lorsque j'étais dans sa classe. Avec lui, pour qu' « *Holçarté* » soit publié, j'ai travaillé comme un fou. J'étais heureux. Le manuscrit avait été soumis à des gens comme Frédéric Vitoux, Alain Bosquet. Lors de sa sortie, le livre a été bien accueilli. Certains critiques, me comparant entre autre à Henri Bordeaux, me promettaient un bel avenir. L'Académie Française était à ma portée. A ce moment, j'avais si peu confiance en moi - ce qui ne m'a jamais quitté -, ces compliments me faisaient plutôt sourire.

- Puis 31 années se sont écoulées avant la publication du deuxième. Je vous suppose happé par "la vie professionnelle"... En fut-il ainsi ?
Oui, certainement. En fait, je n'ai pas eu le courage de ma vocation. Pas eu le front de lui répondre. Comme je le dis souvent, je n'ai jamais su faire qu'une chose, je n'ai jamais eu dans l'idée qu'une chose : écrire. Ça a commencé j'avais six, sept ans. Ensuite, jusqu'à aujourd'hui, je n'ai fait que ça, profitant du moindre instant disponible. J'ai quitté l'administration des douanes, très vite. Au bout de trois ans, quatre ans. Dès que j'avais cinq minutes, j'écrivais. Des poèmes, des nouvelles, un roman. J'y ai rencontré un très bel écrivain, il avait une plume extraordinaire, d'une finesse incroyable : Pierre Silvain. Lui et Roger Vrigny m'ont suivi, m'ont lu, chacun jusqu'à sa disparition. A la mort de Vrigny, j'ai pleuré comme si j'avais perdu mon père. Peut-être davantage. A la mort de Pierre Silvain, j'ai cru que pour moi tout était fini... Happé n'est peut-être pas le mot juste. A 33 ans, j'avais une femme, une fille, je n'avais pas le droit, me semblait-il, de tenter le diable. La littérature ne nous aurait pas nourris. Aujourd'hui, je me dis que j'ai peut-être eu tort...

- Cette « vie professionnelle », finalement, vous la décrivez « peu satisfaisante »... Pouvez-vous nous en narrer quelques grandeurs et misères ?
Ça me paraît difficile. Un seul exemple, tant pis si c'est un peu long, mais il ne nous éloignera pas de la littérature. J'ai quitté l'administration des douanes pour devenir conseil en commerce extérieur. Je ne m'occupais que d'affaires concernant le droit douanier. A cette époque, la réglementation des changes faisait partie intégrante de ce droit. Une réglementation qui prévoyait bien plus drastiquement qu'aujourd'hui ce que chacun avait le droit ou l'obligation de faire ou de ne pas faire en matière financière sous peine de supporter des pénalités exorbitantes, voire d'être poursuivi en correctionnel.

Ainsi, un jour, je dois m'occuper d'une affaire concernant Patricia Highsmith, la célèbre écrivaine américaine. Qu'avait-elle fait de mal ? Elle habitait en France, près de Fontainebleau. Les douanes apprennent qu'elle touche des droits d'auteurs aux USA et qu'elle les y laisse. Il en est ainsi depuis des décennies. Et elle est bien loin de s'être jamais préoccupée d'une réglementation qu'elle ignore et qui lui impose de rapatrier en France l'ensemble de ses avoirs. On va de procès-verbal en procès-verbal. La pauvre est d'accord sur tout ce qui lui est demandé. Si elle doit rapatrier « son argent » en France, elle n'y voit aucun inconvénient. De toutes les façons, aux USA, ils ont payés les impôts. Pour l'administration, la question n'est pas là. Elle aurait dû... Et elle n'a pas... Point final ! Je fais de mon mieux, comme conseil, pour calmer le jeu. P. Highsmith a le sentiment qu'on lui en veut ; et que c'est bientôt la France entière qui lui en veut. Bref, au bout de X mois, on lui inflige une pénalité. Celle-ci reste modique au regard de ce que les textes prévoient. Entre temps, la malheureuse a tout rapatrié en France. Elle n'a pas fait que ça : dépressive, persécutée, dit-elle, elle a déménagé, s'est installée entre la Suisse et l'Italie, dans un patelin perdu. Par mon entremise, elle s'acquitte de sa pénalité. Six mois plus tard, la réglementation en cause est abrogée. Mais P. Highsmith ne se remettra jamais de cette mésaventure et ne reviendra jamais en France... Des affaires comme celle-ci, d'une flagrante sottise, pendant près de vingt-six ans, combien y en eut-il ?

- Durant ces trois décennies, écriviez-vous ?
- Je n'aurais pas vécu sans cela. Le besoin d'écrire, c'est ce qui coule dans mes veines. J'ai écrit toute ma vie. Bien avant « *Holçarté* », Charles Exbrayat, qui éditait au Masque, s'est intéressé à ce que j'écrivais. Des romans policiers. Si après « *Holçarté* » rien n'est sorti, c'est que chez *Calmann Lévy*, le gérant de l'époque, Alain Oulman,

n'a pas accepté le manuscrit suivant. « C'est une injustice que vous faites », observa R. Vrigny en ma présence. J'en fus profondément blessé. A. Oulman avait sans doute ses raisons. Vrigny n'a pas voulu les connaître. Moi non plus. Il continua à me lire jusqu'à son décès. Mais je ne voulais plus rien présenter à d'autres éditeurs. La crainte d'une nouvelle injustice ? C'est probable. Une injustice, en tout cas, que j'aurai difficilement supportée, à laquelle j'ai refusé de me confronter. Alors, j'ai continué, continué... Puis rangé dans les tiroirs.

- Vous "revenez" donc avec « *Une poupée dans un fauteuil* », chez *Orizons*, en 2008... soit deux ans avant "la retraite"... Pourquoi et comment, ce retour ?
Ma mère est décédée en 2002. C'était en janvier. Les conditions de sa mort m'ont bouleversé : au milieu de l'été 2001, elle tombe dans la rue, dévale un escalier, se casse à demi, le sang coule sur le trottoir... On me l'a raconté, je n'étais pas là. Elle était avec une amie de son âge. Toute apeurée. Ma mère souffrait, ne pouvait plus bouger, mais les passants, pressés de retourner au travail, ça devait être vers 14 heures, de se mettre à l'abri de la chaleur, circulent sans la voir ou, du moins, l'évitent, car s'ils la remarquaient ils seraient obligés de faire quelque chose. Et alors, ce serait l'embarras, déjà que leur propre vie... A ce moment, comme j'aimais à le dire, j'avais mes trois femmes, et avec elles trois j'étais bien : ma mère, ma femme, Madeleine, et, Marie, ma fille... Longtemps, je n'ai pas accepté que l'une d'elles fût partie... Et puis j'ai écrit les six derniers mois de sa vie... Et Pierre Silvain, après avoir lu « *Une poupée dans un fauteuil* » m'a dit lors d'un déjeuner, presque sévère, que ce texte, je ne pouvais le ranger si aisément, comme les autres. Alors je l'ai adressé à 3 éditeurs, des petites maisons, et tous les trois m'ont dit oui. J'ai choisi *Orizons*, à cause de Daniel Cohen qui m'a fort gentiment répondu. Sa lettre m'a donné envie de le connaître.

- Puis vous enchaînez, jusqu'à ce jour, avec un roman environ tous les 18 mois... Avez-vous la sensation d'avoir vraiment trouvé votre voie ?
Trouvé, non, certainement pas. Accepté, oui. Je crois, je suis sûr que le besoin d'écrire auquel je n'ai jamais voulu céder, par crainte, je l'ai dit, de ne pouvoir en vivre, ou vivre tout court, ce manque de confiance qui m'a toujours retenu et m'empêche encore d'être moi-même, m'ont empêché d'être ce que j'aurais pu être dans d'autres domaines. Dans mon travail, tout simplement. Car toute ma vie, je n'ai pensé qu'à écrire. C'était obsessionnel. Ça l'est encore. Qu'à la phrase qui devait suivre la dernière que j'avais écrite. Tous les jours, je ne pense qu'à ça. Sûrement, il y a là quelque chose de viscérale. Ne me parlez pas d'addiction...

- « *Retour à Belle Etoile* », donc, publié début 2016 aux *Presses de la Cité*... Il s'agit d'un nouvel éditeur pour vous... Il s'est passé comment ce "retour dans une grande maison d'édition", presque 40 ans plus tard ?
- D'une certaine façon, je le dois aux éditions *De Borée*. Chez *Orizons*, j'ai publié 3 romans, dont « *Une poupée dans un fauteuil* ». Et puis j'ai repensé à « *Holçarté* ». J'en ai repris les droits. J'avais le désir de le remanier. Je l'ai alors soumis aux *éditions de Borée*, imaginant une possible réédition dans leur collection de poche. Il a eu la chance d'être lu par mon éditrice actuelle, qui était alors éditrice des ouvrages « grand format » de cette maison. *De Borée*, ce n'était plus une petite maison. De plus, elle avait l'intérêt d'être connue de moi pour être sise à Clermont-Ferrand - l'Auvergne de mon épouse. « *Holçarté* » n'a pas été republié. En revanche, je l'ai réécrit totalement. Il est devenu « *Le Temps de l'Oubli* », paru en 2012. Puis il y en eut deux autres. Ensuite ? Et bien ensuite, j'ai suivi mon éditrice, devenue directrice littéraire aux *Presses de la Cité*... Comme vous voyez, cela s'est fait tout naturellement... Pour un auteur, travailler avec Clarisse Enaudeau est un vrai bonheur.

- Quelles étaient vos « intentions » en vous lançant dans ce roman ? Aviez-vous déjà la certitude de suivre cette famille sur plusieurs générations ?

Mon intention première ? Ecrire une histoire simple. L'histoire de deux sœurs, Marguerite et Renée, que j'ai dû rencontrer pour la première fois en décembre 1973. Chacune avait alors autour de soixante ans et toutes deux étaient veuves. Depuis toujours, elles vivaient chacune sur un versant du val de Dore, dans un village coincé entre les monts du Forez et le Livradois. Deux fermes qui se faisaient quasiment face, éloignée l'une de l'autre de trois cent mètres à vol d'oiseau, mais de quatre ou cinq kilomètres si l'on suivait la route. Ce village, que j'ai baptisé Valliergue, n'est autre en fait qu'Olliergues. Ces deux sœurs, que ma femme avait connues étant enfant, m'ont inspiré leur histoire. Une histoire qu'elles n'ont pas vécue, que je leur ai imaginée...

- Naturellement, vous me répondrez sûrement que ce roman n'est pas autobiographique ?...

Ma réponse à cette question ? La suite logique à ma réponse précédente. Je ne veux pas vous contrarier. Aussi, je vous réponds que non, ce roman n'est pas autobiographique. Et pour cause, né en 1944, je n'ai pu faire la dernière guerre. Pourtant, en relisant « *Retour à Belle Etoile* », si ce n'est pas moi que je retrouve à chaque page, n'en sont pas moins sous-jacents tous les faits, tous les événements, tous les êtres qui m'ont fabriqué, m'ont façonné au fil du temps. Jules Ferrandon, le père des gamines, ses évasions, la Résistance, sa farouche volonté, l'espoir qu'il met en Belle Etoile ? C'est évidemment mon père, tel que ma mémoire le retrouve, ou tel que j'aurais désiré qu'il fût. « Retour à Belle Etoile », sans doute la quête du père, de ce père que j'aurais voulu aimer autant qu'il m'a aimé, alors que nous ne nous entendions guère. La relation aussi de ces amitiés, belles, qui m'ont soutenu et me soutiennent encore... En fait, j'avais dans l'idée d'écrire l'histoire des sœurs Ferrandon, donc de Marguerite et de Renée, déjà adultes ou sur le point de prendre leur envol. Ce n'est qu'au fil de l'écriture que l'idée s'est imposée à moi de leur donner des parents, et de donner à ces parents, Jules, Cécile, la maman, Louise, la grand-mère, une véritable existence. Marguerite et Renée, nées de rien ? Ça n'était pas possible. Pas plus que je ne puis parler de moi sans évoquer mes parents, mes grands-parents, mes frères, mon vécu dans son ensemble... Où puise-t-on l'imaginaire sinon dans la vraie vie ?

- Pourtant... Comme vous, Paulin nait en 1944, mais son destin est tragique... Est-ce une forme de retour à votre enfance, à une vie qui s'est jouée à presque rien pour les "enfants de 1944" et plus généralement "les enfants de la guerre" ?

Comme Paulin, bien sûr... Mon jeune frère, handicapé mental, né un an après moi, en juillet 45, et décédé alors qu'il n'avait pas encore trente-neuf ans... Et, oui, certains événements subis par Paulin, comme le fait d'être exclus de l'école publique, puis privée, parce que les parents de ses camarades de classe estimaient que sa présence ne pouvait que perturber la scolarité de leurs chers petits, mon jeune frère les a lui-même subi et, du même coup, mes parents également. Assurément, j'aurais pu être Paulin. Comme ma mère, mon père, et beaucoup d'autres, nous aurions pu disparaître, en juillet 44, sous les bombardements américains - j'avais alors trois, quatre semaines -, les cibles atteintes n'étant pas toujours celles qu'ils tentaient d'anéantir.

- Peut-on vous considérer nostalgique d'un monde disparu ?

- Nostalgique, c'est probable. Le monde tel qu'il se donne à nous aujourd'hui fait tout pour cela. Il me semble, n'en déplaise à beaucoup, que la bêtise humaine, le propre de l'homme plus que le rire - même les singes savent rire -, tout au long de ces dernières décennies, a gagné en ampleur. Elle s'impose comme un droit. Au même titre que la suffisance. Mieux et plus vite que la mauvaise herbe, elle se développe et prend l'intelligence au piège. Nostalgique, parce que je regarde souvent en arrière ? Mais c'est aussi ce qui me permet d'avancer. Et d'espérer. Sinon, aurais-je écrit « *Retour à Belle Etoile* » ? Car je ne désespère pas de l'être humain. Tout est cyclique. Je suis persuadé qu'à la sottise ambiante, tôt ou tard, se substituera une nouvelle ère des Lumières. Nostalgique ? Sans doute. Mais notre époque est riche aussi, pourquoi le nier, de savoirs qui font rêver...

- Il y a par exemple les qualités de la viande des Salers, pour laquelle Jules est enthousiaste... Pourtant ces vaches ont failli disparaître... plus tard...

Vous voyez que j'ai raison ! Lorsque Jules Ferrandon décide d'élever des Salers, il n'a pas tort, au contraire. C'est la bonne idée ! Et puis, ensuite, vers les années 60, sauf erreur, on tend à les délaisser, jusqu'à ce moment où leur viande devient plus prisée encore qu'elle ne l'avait jamais été. Et alors on ne jure plus que par elles et leurs belles entrecôtes ! Tout est cyclique. Comme les marées. Au bout du compte, je crois que l'ordre du monde est raisonnable. L'homme n'y est pas pour grand-chose. Le monde est cyclothymique. Il a ses hauts et ses bas. Ses bons et ses mauvais jours. Nostalgique, parce que je n'ai pas l'impression que le monde, précisément, soit dans ses bons jours... Peut-être, je me trompe.

- Ce roman fut repris par « *le Grand Livre du Mois* », « *A Vue d'œil* » (édition en grands caractères) et « *France Loisirs* », puis finalement couronné d'un prix... Vous vous sentez sur un petit nuage ?

Non, pas du tout. Je suis plutôt au comble de l'incertitude. Voire de l'insatisfaction. Je me demande pourquoi ? Et je reste sans réponse. Ce n'est pas vraiment confortable.

- Avez-vous parfois le regret d'avoir abandonné trois décennies à "la vie professionnelle" ?

Cette question est une question fermée. Elle ne demande aucun développement. C'est un vrai plaisir que d'y répondre en peu de mots : Oui, j'ai le regret d'avoir laissé de côté pendant tant de temps ce pour quoi j'étais né. Le regret de n'avoir pas osé. D'avoir été peureux. D'avoir eu peur de vivre pleinement mon destin. De toute façon, c'est trop tard.

- Le 19 janvier 2017 sort, toujours aux *Presses de la Cité*, « *Les Sœurs Ferrandon* », c'est bien la vie de « nos jeunes héroïnes » ?

Oui, vous y retrouverez Marguerite et Renée. Et Jean Chassaigne. C'est le roman que j'avais l'intention d'écrire lorsque j'ai entrepris ce qui est devenu « Retour à Belle Etoile ». A partir du 19 janvier, ces personnages que j'ai profondément aimés, que j'aime presque charnellement, ne seront plus vraiment les miens. C'est un peu une souffrance.

- Il y a donc "le livre chez l'éditeur"... et pouvez-vous nous ajouter quelques mots sur le livre "dans la plume" ? Il sortira quand ?

Pour l'instant, je veux dire depuis le 5 décembre dernier, il n'y a plus de livre dans la plume. Je suis actuellement tout à vous, tout à mon éditeur... Depuis le 5 décembre, tout simplement parce que j'ai terminé le prochain roman ce jour-là, et que l'histoire que j'y raconte s'achève elle-même le 5 décembre 2016. Selon toute vraisemblance, il sortira au début de 2018. En revanche, je ne vous en dirai rien sinon qu'il est résolument « Noir ».

- Donc vous allez repartir « sur les routes », en dédicaces, promotions... Vous participez à de nombreux salons du livre ?

Très peu de salons. Très peu de dédicaces. Je ne m'y sens pas trop à l'aise. Pourtant, cela me manque. Allez comprendre ?

- Vous avez également publié de la poésie et des contes... "la suite" vous la sentez également dans ces genres ou le roman va puiser l'ensemble de votre énergie créatrice ?

Les contes, je ne sais pas. J'aurais aimé que les premiers fussent republiés avant de me lancer à nouveau dans la littérature destinée à la jeunesse. La poésie, elle, est toujours présente. Toujours, parce que mes premiers écrits ont été des poèmes. Ce qui n'est pas exceptionnel. En fait, je ne sais pas bien... Et puis arrive un temps où les jours, les semaines, les mois passent de plus en plus vite et où l'on se dit que l'on n'arrivera jamais à tout faire... Alors, faut-il vraiment se disperser ? En tout cas, si cela m'était permis, assurément, la poésie...

- En quatre décennies, vous avez donc connu « la révolution numérique », également pour le livre en papier. Qu'en avez-vous pensé et que pensez-vous du livre sans papier ?

Mes manuscrits, je les ai encore. Pas tous. Je conserve peu. Mais, tout de même, j'en ai encore pas mal. Combien n'écriraient pas si l'on n'avait pas inventé l'ordinateur ? Tout jeune, je me souviens, lorsque j'écrivais, je n'avais qu'une idée en tête : la perfection ! la perfection ! et, par suite, faire en sorte que je puisse me lire et me relire sans mal. Aussi, comme je ne cessais de corriger chaque phrase, chaque alinéa, chaque paragraphe, et enfin chaque chapitre, vous imaginez que je n'en finissais pas de copier et recopier, et que ma prose, du même coup, n'avançait qu'à la vitesse des bœufs de labours. Lorsque l'ordinateur est arrivé, quelle souplesse ! Mais comme un bien est généralement sitôt suivi d'un mal, certains que rebutait l'écriture à la main de deux cents, voire trois cents pages, réalisèrent très vite que la persévérance des dinosaures dont je faisais partie et qui depuis toujours faisait obstacle à leur velléité, précisément cessait d'en être un... Une chose est sûre en tout cas : c'est sans rechigner, bien au contraire, que je me suis arrangé avec ce nouvel outil ! Malheureusement, j'utilise encore beaucoup le papier, notamment pour les corrections, toujours nombreuses. Quant au livre sans papier... Je ne sais encore qu'en penser... Laissons le venir, il n'est pas tout à fait là... Pour l'heure, parce qu'il est vivant, que je peux le toucher, le respirer, le manipuler à ma guise, le livre papier conserve mon entière confiance...

- Vous vivez entre Paris et la Bretagne... Vous ne connaissez pas notre Quercy... mais vous nous confirmez votre venue au salon du livre de Montcuq en Quercy Blanc le 13 août 2017 ?
Assurément, je serai là. Et ce sera avec beaucoup de plaisir. A plus forte raison si je peux partager quelques moments avec des personnes qui auront déjà lu « *Retour à Belle Etoile* » et, pourquoi pas ? « *Les Sœurs Ferrandon* » également.

- Connaissez-vous, avez-vous lu, certains des précédents lauréats du salon du livre du net ?
Notamment, je connais Antonin Malroux, pour avoir lu « *Les chemins de la communale* » et « *La Noisetière* ». Egalement Georges Flipo, Emmanuelle Urien et Roger Béteille, pour « *La rivière en colère* »... Je me promets de bientôt découvrir les autres.

- Et la question traditionnelle "Qu'est-ce qu'un écrivain ?"
J'ouvre le Larousse et je lis : « *Personne qui compose des ouvrages littéraires.* » Et par littérature, on entendra « *Ensemble des œuvres écrites auxquelles on reconnaît une finalité esthétique.* » Est-ce satisfaisant ? En soi, pourquoi pas ? Peut-être même devrais-je m'en tenir là... Pourtant, non. Puisque vous me posez la question, j'ajouterai volontiers mon grain de sel à ces définitions. Ainsi, plus haut, lorsque vous évoquez le fait que « deux ans avant la retraite », soit plus de trente années après la publication de mon premier roman, j'ai commis « *Une poupée dans un fauteuil* », on peut supposer que l'approche de la retraite a été pour quelque chose dans

la sortie de ce récit. En fait, non, vous l'avez compris. Ma voie était tracée, mais toute ma vie je n'ai fait que lui résister. Dès mon plus jeune âge, le besoin d'écrire m'a animé. A quinze ans, mes professeurs lisaient les nouvelles que j'écrivais. Je veux dire par là que je ne considère pas l'écriture, qu'il s'agisse d'écrire des romans, des nouvelles, des poèmes, des pièces de théâtre, que sais-je encore, comme un passe-temps. « Je prends ma retraite, que vais-je faire à présent ? » Réponse : « Je vais écrire. Je ne sais ni broder ni tricoter. Ni jardiner. Alors, je vais écrire… » Lorsque j'entends ou lis quelque chose de ce genre, à la fin d'une biographie - oui, forcément à la fin - ou en quatrième de couverture d'un bouquin, je sursaute, et la colère me prend. Ecrire m'apparaît être pour certains comme une lubie. Le trompe la mort idéal. Souvent, je prétends que l'écriture m'a bousillé l'existence. Alors qu'en fait, c'est moi qui me suis bousillé l'existence en repoussant du geste une vocation qui n'a jamais voulu mourir. Voilà ce que c'est qu'être écrivain : c'est depuis l'enfance éprouver ce besoin, cette nécessité de toucher les lettres, les mots, de jouer avec eux pour former des phrases, les agencer, puis découvrir peu à peu que, grâce à eux, les fantômes qu'on a dans la tête peuvent devenir pareils à ces êtres de chair que l'on côtoie chaque jour, à chaque instant. Pareils, et pourtant tout autre. Non, non, cela n'arrive pas à l'âge de la retraite. Ecrire, ce n'est pas une lubie. Ce n'est pas une passade qui naît comme ça, d'un simple claquement de doigts… Mais j'arrête là… C'est si facile aujourd'hui de se prétendre écrivain et, selon les genres littéraires, de se dire romancier, ou poète, ou dramaturge… J'arrête là, j'arrête là… J'ai trop le sentiment, soudain, de me faire des ennemis, moi qui n'aime pas la guerre…

- Etre écrivain, c'est donc d'abord « se vivre écrivain », au plus profond de soi ?

Oui, se vivre « écrivain ». Mais, entendons-nous,

j'imagine que cela vaut pour tous les arts, pour tout artiste, quelles que soient ses aspirations. Le claquement de doigts, à cinquante, soixante ans, n'existe sans doute pas davantage pour le peintre authentique, le sculpteur, l'architecte, le cinéaste, etc., que pour l'écrivain. Je pense vraiment que le besoin de dire sous toutes ses formes, peu importe le mode d'expression, est un besoin en soi, une nécessité, et que cette nécessité, pas toujours aisée à vivre – me direz-vous le contraire ? Je ne le pense pas –, ne relève pas uniquement de l'acquis. Sans doute, à la naissance, et peut-être chez chacun, doit-il y avoir ce petit quelque chose qui fera que... Par la suite, ses acquis, c'est à dire le futur de l'enfant, la perception qu'il aura plus tard du monde, son éducation, son environnement social, l'ensemble de ses ressentis, tout cela fera que ce quelque chose se développe ou non, s'impose ou non à lui...

- Quels conseils donneriez-vous aux plus jeunes, disons entre 20 et 35 ans, qui « se sentent (ou se veulent) écrivain » ?

Je leur dirai de ne pas commettre mes erreurs. Je leur dirai d'écrire et d'écrire encore. D'oser leur vocation, s'ils sentent que le besoin d'écrire tend à s'imposer à eux comme une nécessité vitale. De ne pas se laisser absorber par une vie professionnelle trop éloignée de ce pour quoi ils se sentent ou se savent exister. Car s'il n'en est pas ainsi, ils ne feront que souffrir leur vie durant, du moins jusqu'à ce qu'ils jettent l'éponge. Ne pas écrire, pour qui en a besoin, « ce peut être une sensation de manque, le sentiment d'une absence. » Or « tout le monde sait qu'une absence, c'est ce qu'il y a de plus lourd à porter. On a besoin de la conjurer en lui donnant une forme, un langage. » C'est ainsi que Roger Vrigny, ce professeur que j'ai déjà évoqué, définissait le besoin d'écrire. Un peu, précisément, comme un conseil aux plus jeunes.

Françoise Poupart

- En trente mots, au maximum, retenez l'attention...
Depuis toujours, les lettres sont mes pinceaux et mes mots sont ma peinture et ma musique. J'œuvre ainsi, au fil du temps et au fil des phrases, déposant des rayons de soleil ou des perles de pluie dans le cœur de mes lecteurs...

- Votre catalogue est composé de combien de livres, dans quels genres ?
Trois ouvrages : poésie, roman biographique, petites histoires d'animaux...

- Depuis quand écrivez-vous ? Depuis toujours...

- Depuis quand publiez-vous ? 2011

- Quel livre présenterez-vous en priorité ?
Les trois mentionnés plus haut.

- Vous êtes soit "éditée par un éditeur traditionnel" ou votre propre éditeur, pouvez-vous nous exposer les raisons, avantages et inconvénients de ce "mode d'édition" ?
La loi de la jungle : quand on survit, on est content.

- Lisez-vous un peu beaucoup passionnément... ?...
Les trois à la fois...

- Avez-vous un auteur "de référence" ? Dont vous avez lu, lisez, l'ensemble de l'œuvre ?

Christian Bobin est ma référence même si je ne parviens pas à lire aussi vite qu'il écrit !

- Que signifie pour vous "être écrivain" ? Est écrivain celui dont les mots nous emmènent en voyage...

- Vous sentez-vous observateur du monde, de notre époque ? Vos livres apportent une "compréhension du monde" ou autre chose... ?
Juste ouvrir mes fenêtres pour donner à voir et à percevoir.

- A combien de salons du livre participez-vous en moyenne chaque année ?
Aucune idée !

- Est-ce votre principal lieu de vente ? (sinon, quel est votre réseau de distribution)
Oui, c'est mon principal lieu de vente.

- Que recherchez-vous dans un salon du livre ?
Ouvrir mes fenêtres.

- État d'esprit actuel ?
Songeur...

- Montcuq en Quercy Blanc... Sans chercher sur le net... Quel est le nom des habitantes et habitants ? (vue poétique autorisée !)
Les Monticules Blancs.

- Coïncidence de dates... Selon des exégètes de Nostradamus, Paris devrait être détruite le 13 août 2017... Si c'est le cas, devrons-nous néanmoins maintenir ce salon ? Et si Paris reste debout... que devrions-nous faire ?...
Ah ah ! Vive l'Ascension !

- Quant a "la question oubliée", celle a laquelle vous auriez aime répondre... Question et réponse possibles !
    - Pourquoi écrivez-vous ?
    - Pour repeindre le monde à ma façon...

Roland Hureaux

- En trente mots, au maximum, retenez l'attention...
Un intellectuel s'efforçant aussi d'être aussi un homme d'action (candidat aux élections cantonales de Montcuq en 1994). Engagé. Marqué par mes racines paysannes dans le Sud-Ouest, la tradition catholique, la figure de De Gaulle et la lecture des grands auteurs. Centres d'intérêt très variés (peut-être trop...) sous-tendus par une intense soif de connaître.

- Votre catalogue ?
11 livres : 9 d'actualité politique et 2 d'histoire religieuse.

- Depuis quand écrivez-vous ?
Depuis 1972, en commençant par des articles.

- Depuis quand publiez-vous ?
Premier livre publié en 1993. Mais vrai début en 1997 (chez Gallimard).

- Quel livre présenterez-vous en priorité ?
Gnose et gnostiques des origines à nos jours (Desclée De Brouwer, 2015)

- Éditeur traditionnel ou votre propre éditeur...
Je suis généralement édité par un éditeur traditionnel (Gallimard, Hachette, Perrin, Buchet-Chastel), mais aussi par des petits éditeurs amis. Les grands éditeurs sont plus exigeants et donc plus formateurs. Les petits laissent généralement toute liberté.

- Lisez-vous un peu beaucoup passionnément... ?...
Beaucoup.

- Avez-vous un auteur "de référence" ?
Peut-être Chateaubriand mais je n'ai pas tout lu.

- Que signifie pour vous "être écrivain" ?
C'est avoir le besoin incoercible de mettre par écrit certaines idées.

- Vous sentez-vous observateur du monde, de notre époque ? Vos livres apportent une "compréhension du monde" ou autre chose... ?
Oui, j'essaye mais sous la forme d'essais.

- Combien de salons du livre ?
Un par an en moyenne.

- Est-ce votre principal lieu de vente ?
Non. Je pense que le principal lieu de vente est Amazon mais je n'ai pas vérifié.

- Que recherchez-vous dans un salon du livre ?
Des contacts avec le canton de Montcuq que je connais bien.

- Montcuq en Quercy Blanc... Sans chercher sur le net... Quel est le nom des habitantes et habitants ? (vue poétique autorisée !)
Montcuquois, je crois.

- Coïncidence de dates... Selon des exégètes de Nostradamus, Paris devrait être détruite le 13 août 2017... Si c'est le cas, devrons-nous néanmoins maintenir ce salon ? Et si Paris reste debout... que devrions-nous faire ?...
Si tel était le cas, il faudrait l'annuler. Si Paris reste debout, il faut rester à Montcuq : on ne sait jamais.

Colette Brogniart

- En trente mots...
J'écris pour tenter de comprendre le fait de vivre, pour retenir quelques instants, les partager ; pour raconter des histoires qui vont au bout des possibles : réfléchir, sourire, apprivoiser les mots. (30 mots)

- Votre catalogue ?
6 romans : 3 situés dans le Lot, 3 dans le monde. Ce sont des romans qui jouent sur plusieurs registres : une intrigue mais aussi des réflexions, du grave et du léger...
3 recueils de nouvelles agencés de façon spécifique avec des tonalités différentes :
  . Aléas est composé de trois parties : écriture, portraits, animaux (dont la légende de Pech-Merle)
  . Ricochets : une nouvelle en appelle une autre. Les thèmes : le Lot, les objets, les sentiments, les situations...
  . Kaléidoscope - Variations sur l'étrange, l'insolite...
1 étude sur l'œuvre de Léo Ferré et sur 5 des poètes qu'il mit en musique : "Vienne le temps..."
Poésie : sous forme de livres d'artistes avec des gravures, dessins, peintures...

Depuis quand écrivez-vous ?
J'ai commencé à écrire des poèmes à quinze ans, des nouvelles à vingt ans, un essai à vingt cinq, un roman à vingt sept et ainsi de suite...

- Depuis quand publiez-vous ?
Première publication en 1991 - chez Textimus.

- Quel livre présenterez-vous en priorité ?
Je présenterai, en particulier, mon dernier ouvrage publié : *La Déshistoire* qui relate une histoire réelle se déroulant dans le milieu de la chanson. Mais dans un Salon, en fonction des échanges avec les visiteurs et compte tenu de la variété de mes ouvrages, je peux répondre aux attentes exprimées.

- Éditeur traditionnel" ou votre propre éditeur... ?
Arbouge Editions (l'art qui bouge) est un collectif d'artistes. Avantages : Exigence de qualité d'écriture et de présentation, participation de l'auteur à toutes les étapes de la publication.
Inconvénients : pas de diffuseur, pas de distributeur externes, tout repose sur l'auteur.

- Lisez-vous un peu beaucoup passionnément ?...
Je lis chaque soir, avec passion certains ouvrages, hélas pas tous...

- Un auteur "de référence" ?
Adolescente, mon objectif était de lire un livre de chaque auteur... Mais j'ai eu des coups de foudre qui m'ont incité à lire plusieurs livres d'un même auteur. Un temps les auteurs latino-américains m'ont comblée : Márquez, Cortázar, Sabato... Dernier coup de cœur "Train de nuit pour Lisbonne" de Pascal Mercier, mais le deuxième ouvrage m'a un peu déçue... trop d'enthousiasme pour le premier. Mais bien évidemment mon auteur de référence est Léo Ferré qui a écrit plus de 1 577 pages : roman, lettres, journal, poèmes, chansons. Œuvre dont je témoigne par des livres, articles, conférences, lectures.

- Que signifie pour vous "être écrivain" ?
Être écrivain c'est chaque jour plonger dans les mots comme un sculpteur travaille la terre, un peintre la couleur, un compositeur la musique. C'est la solitude et le doute... C'est être à la fois un créateur et un artisan.

- Observateur du monde, de notre époque... ?...
Observateur de la vie, forcément avec les filtres de notre époque. Comme dit plus haut, l'écriture est pour moi une tentative pour appréhender l'existence sous tous ses aspects anecdotiques ou essentiels mais c'est aussi un espoir de préserver des instants et d'ainsi lutter contre la mort.

- Combien de salons du livre... ?
Variable selon les années : 2015 : 16 - 2016 : 18 - 2017 : 11 (de prévu) soit une moyenne de 15.

- Est-ce votre principal lieu de vente ? (sinon, quel est votre réseau de distribution)
C'était le principal, je m'oriente vers des manifestations différentes : conférences, lectures. Je cherche d'autres débouchés : sites, internet...

- Que recherchez-vous dans un salon du livre ?
Mon objectif est de présenter mes livres. Parfois, j'y fais de belles rencontres et je sais, pour avoir reçu des courriers, que des visiteurs ont apprécié nos échanges.

- État d'esprit actuel ?
Actuellement, je ressens le besoin d'être soutenue pour trouver un sens à tant d'efforts... Léo Ferré avait évoqué à mon sujet ma "vertu littéraire", ce qui m'avait fait rire. Quand Léo aspirait à diriger des orchestres, parfois il lançait au public passablement surpris un "Aidez-moi" vibrant !

- Montcuq en Quercy Blanc, notre nom ?
Montcuquois, Montcuquoises... ? Lorsque l'on connait un peu l'étymologie des noms quercynois, ce nom ne prête pas à rire.

- Opération Nostradamus... ?
J'espère que Paris s'en sortira car je connais nombre de lieux agréables dans cette ville, voire même quelques uns de ses habitants... La date coïncide, mais que sait-on de l'heure ? Donc retrouvons-nous comme prévu et

nous aviserons. Plusieurs éditeurs et écrivains parisiens ont été, au fil des siècles, condamnés par diverses instances, aussi, pour eux, nous devons défendre le livre où que nous soyons.

Question libre :
- Que voudriez-vous pouvoir faire, en tant qu'écrivain, dans les prochains mois ?
Je voudrais pouvoir lire plus souvent mes poèmes ou des nouvelles devant un public car je constate que les auditeurs sont de plus en plus réceptifs et j'éprouve, parfois, beaucoup de plaisir à le faire.

Jean-Michel Chevry

- Trente mots :
Quelques mots pour retenir l'attention c'est aussi simple que séduire sans parler ou écrire sans être lu. Un peu de magie, beaucoup d'émotion et un bon lecteur feront-ils l'affaire ?

- Votre catalogue ?
2 carnets de voyages avec CD (Russie), Un roman jeunesse, Trois « livres conte » jeunesse, un livre de nouvelles. Total : 6

- Depuis quand écrivez-vous ? Des chansons depuis l'âge de quatorze ans - des livres depuis 2007.

- Depuis quand publiez-vous ? 2007 pour les livres.

- Quel livre en priorité ? Les 2 derniers : "*Kyym le petit mammouth à la fête du soleil*" et "*Une page*".

- Éditeur "traditionnel" ou votre propre éditeur ?...
Je suis édité par un éditeur traditionnel. Chacun son métier, son domaine des compétences et le travail qu'il effectue sont importants et demandent un investissement temps que je n'ai pas. Je n'y trouve pas d'inconvénient seulement des conseils et un regard professionnel irremplaçable.

- Lisez-vous un peu beaucoup… ? Je lis beaucoup.

- Un auteur "de référence" ?
Difficile à dire, c'est comme pour la musique j'aime ou pas, mais ce qui m'intéresse au delà des écrits c'est l'émotion qui transpire où pas… Un nom ? Allez Caryl Ferey

- Que signifie pour vous "être écrivain » ?
Avoir quelques témoignages à laisser, quelques traces à poser, quelques histoires à raconter, survivre tout simplement…

- Observateur du monde, de notre époque ?...
Seul le lecteur pourra répondre à cette question… Donc je compte sur vous..

- Combien de salons du livre ?
Environ une dizaine de salons par an…

- Est-ce votre principal lieu de vente ?
Oui et non, l'éditeur participe à de très nombreux salons et motive son réseau de vente.

- Que recherchez-vous dans un salon du livre ?
Le regard du lecteur encore inconnu et l'intérêt qu'il peut porter à mon travail d'écriture et au delà à mon parcours atypique. En deux mots, la rencontre.

- État d'esprit actuel ? Serein

- Notre nom ? A Montcuq vivent les « Il est beau » et les « elles aussi. »

- Nostradamus du 13 août 2017…
Montcuq deviendra notre Paris puisque pour l'heure c'est notre pari.

- Question libre :
J'ai oublié la question, mais j'espère pouvoir y répondre. Je sais qu'elle est pertinente mais la réponse sera-t-elle à la hauteur. Allez je choisi la meilleure note sur la portée : le silence.

Philippe Mellet

- Trente mots…
Longtemps journaliste en presse régionale dans les Ardennes, je me suis installé comme auteur indépendant dans le Lot. Mais je n'ai pas changé. Enfin si. J'ai gagné en sérénité. C'est beaucoup.

- Votre catalogue est composé de combien de livres, dans quels genres ?
A ce jour j'ai publié trois livres dans des registres très différents. Un recueil de textes poétiques illustrés par un ami photographe, un album biographique consacré aux souvenirs de la guerre 14-18 de ma grand-mère ardennaise et enfin un recueil de chroniques parues en presse quotidienne.

- Depuis quand écrivez vous ?
Depuis toujours ou presque. Je reprends volontiers la formule de Jean Genet. Écrire, c'est ce qui vous reste quand on est exclu du domaine de la parole donnée.

- Depuis quand publiez vous ?
Mon premier ouvrage a été publié en 2003.

- Quel livre présenterez-vous en priorité ?
« Le meilleur de mon blog-notes », imprimé en décembre 2015. Un recueil de chroniques où il est question de la grande sagesse de mes chats Chaussette puis Abysse, de la beauté saisissante des rosiers Ingrid Bergman, de la poésie de certains gestes sportifs, du charme interlope des romans de Modiano, de la saveur réconfortante des quiches lorraines, de l'explosivité revigorante des vers de Benjamin Péret, de l'énergie indomptable et cependant apaisante de Jerry Lee Lewis, de mes vacances dans le Lot ou sur la Côte d'Azur, des points d'interrogation et des moments d'angoisse qui sont miens quand j'observe parfois mes contemporains...

- Éditeur traditionnel ou votre propre éditeur ?
« Le meilleur de mon blog-notes » a été auto-édité. Par commodité. Je n'imaginais pas ce livre pouvoir rencontrer un immense public. Pour le reste, chacun imagine les contraintes que cela implique.

- Lisez-vous un peu beaucoup passionnément... ?...
Je lis peut-être un peu moins qu'avant. Mais je suis très sélectif. Les premières pages sont capitales. S'il n'y a pas un minimum de style, une vraie richesse de langue, j'arrête. Pour certains livres comme les recueils de poèmes, voire les biographies, les essais, c'est différent des romans. On peut feuilleter, picorer, faire des allers-retours...

- Un auteur "de référence" ?
André Breton, Benjamin Péret et dans un genre et un univers différent, Patrick Modiano.

- Que signifie pour vous "être écrivain" ?
Je vais répondre par un souvenir étrange. Au collège, mon professeur de français lit un texte. L'auteur y énumère des mots qu'il considère jolis. D'autres moins. Je lève la main. Je dis que je ne suis pas d'accord. Mon professeur m'observe et sourit. « Tu as raison. Tout cela est personnel. Un mot évoque certaines choses. Chacun

peut se l'approprier comme il l'entend. » Je ne sais pas si je suis écrivain. J'ouvre des portes. Et parfois, la pièce me plaît. Je m'installe...

- Observateur du monde, de notre époque ?
Journaliste, je rends compte de ce que je vois. L'écrivain peut également observer, certes, mais il peut aussi s'échapper. Prendre des chemins de traverse. Il doit aussi, s'il prétend à la poésie, s'échapper de bien des carcans et viser à apporter sa contribution à un monde nouveau, comme l'ont tenté les surréalistes.

- Combien de salons du livre ?
Il m'est arrivé de participer à des salons, mais l'essentiel est de rencontrer des lecteurs potentiels où qu'ils soient.

- Est-ce votre principal lieu de vente ?
Pour ce livre, j'ai été aidé par des libraires qui ont accepté de le prendre en dépôt et d'organiser des séances de rencontres et dédicaces, notamment et surtout dans les Ardennes.

- Que recherchez-vous dans un salon du livre ?
Des rencontres avec d'autres auteurs et bien sûr avec des hommes et des femmes de tous horizons que ce livre peut intéresser.

- État d'esprit actuel ? Serein, mais attentif...

- Notre nom ? (vue poétique autorisée !)
Les petits rapporteurs ?

- Nostradamus du 13 août 2017...
Il faut maintenir le salon évidemment, et pour le reste, on écoutera France Info. Au cas où !

- "La question oubliée"...
Quel est votre livre de chevet ?
Je n'ai pas de chevet. Mais j'ai toujours « L'anthologie de l'humour noir » de Breton à portée de main...

Chantal Antunes

Depuis ma carrière de collaboratrice d'Avocats durant plusieurs années à Paris, dès l'âge de la retraite bien méritée, je me suis retirée au Nord Est de Toulouse, dans les côteaux de Villemur sur Tarn, j'ai pu donner libre cours à ma passion : l'écriture.

A ce jour j'ai écrit sept romans, tous différents les uns des autres.

Le premier a vu le jour en 2011 il s'agit d'une saga provençale qui a pour titre - *Le Mas des Buissons bleus*.

Le second un fantasy/sciences fiction ayant pour titre - *Les Arcanes de la porte noire "Vilnus"* ce livre a obtenu en 2013, lors du déroulement du salon du livre de Mazamet un prix ! Prix Conseil Général.

Ensuite je me suis lancée dans le roman historique avec le livre ayant pour titre : *sous les cieux médievaux.*

Voulant m'exercer dans un autre thème je me suis essayée dans l'écriture de l'ésotérisme avec une pointe sur les magies qui sont très suivies en notre siècle, d'où le titre de mon livre ! blanche magie noire.

Etant toujours à même de surprendre mon Fan Club, et les futurs lecteurs j'ai opté pour un autre genre, mystique cette fois- ci avec un fond historique le livre a été édité sous le titre : *Secrets et Légendes de la montagne rouge*.

Toujours dans mon imaginaire j'ai écrit mon sixième roman intitulé : Fée oubliée de Brocéliande *Gentiane

Changeant mon fusil d'épaule j'ai écrit sur Amérindiens - titre de mon septième roman sorti en Mai 2017 : Comanche Malawa Blue Mountains

J'ai tous mes livres édités par le Fil des Mots, Maison d'Edition Associative, laquelle a été présente lors du salon du livre Porte de Versailles à PARIS, en 2014, où je présentais mon livre Sous les cieux Médiveaux

Quant à présenter mon livre en priorité je dirai TOUS chacun étant différent les uns des autres !

Me lire apporte : du rêve, de l'évasion, et aussi de la culture, du fait que mes livres ont tous un fond de vérité, et ensuite brodé en toile de fond de façon à en agrémenter la lecture ! ce qui semble plaire !puisque je suis suivie et que mes lecteurs "fidèles" attendent toujours le dernier qui doit arriver !

Entre festivals et salons du livre cela doit totaliser dans l'année une quinzaine de jours (les festivals étant sur deux jours)

Mon réseau de distribution est effectué par un Organisme qui diffuse mes livres sur les librairies du NET : Fnac, Amazon, Decitre, La Procure, et bien d'autres...

Mes livres se trouvent dans des Librairies locales, qui à leur demande, sont fournies régulièrement.

Dans les Festivals et salons du livre, je recherche avant tout le contact avec la clientèle et aussi de pouvoir leur dédicacer mes livres il m'est arrivé plusieurs fois de dédicacer des livres, qui avaient été acquis par les visiteurs, soit par le NET soit dans les librairies.

J'ai commencé à lire à l'âge de neuf ans, et depuis je n'ai cessé de dévorer les livres.

Christian Eychloma

- Trente mots...
Romancier publiant de la science-fiction pour adultes, c'est à dire pour amateurs d'histoires porteuses de sens, espérant regagner ainsi l'intérêt du public francophone pour ce genre littéraire.

- Votre catalogue ?
Quatre titres, ouvrages de science-fiction (un autre ouvrage en cours de publication).

- Depuis quand écrivez-vous ? 2008

- Depuis quand publiez-vous ? 2010

- Quel livre en priorité ? "*Que le Diable nous emporte*", en un seul volume (publié à l'origine en deux volumes)

- Éditeur "traditionnel" ou votre propre éditeur ?...
Je publie à compte d'éditeur, ce qui selon moi offre au lecteur une meilleure garantie de qualité (assurance que l'ouvrage est passé au filtre d'un comité de lecture...)

- Lisez-vous un peu beaucoup passionnément... ?...
Bien moins maintenant qu'il y a une dizaine d'années. Mais écrire est aussi s'informer, naturellement, et une bonne partie du temps d'écriture est en fait investi dans la recherche d'informations pertinentes avec l'objet du roman...

- Un auteur "de référence" ? Barjavel !

- Que signifie pour vous "être écrivain" ?
Avoir envie de faire passer au public mes propres questionnements sur un certain nombre de sujets...

- Observateur du monde, de notre époque... ?
Bien sûr... Et mes romans tentent toujours de faire passer quelques pistes de réflexions sur notre nature humaine, notre futur, la nature de la réalité, etc...

- Combien de salons du livre chaque année ?
Six ou huit...

- Est-ce votre principal lieu de vente... ?
Le catalogue de mon éditeur.

- Que recherchez-vous dans un salon du livre ?
Comme la plupart des auteurs, me faire connaître et nouer de nouveaux contacts...

- État d'esprit actuel ?
Un peu déçu par une désaffection évidente pour la lecture...

- Nom des habitants de Montcuq en Quercy Blanc... ?
Les Culs pâles ?

- Affaire Nostradamus ?...
Même chose que pour tout le reste : faire comme si on ne pouvait pas mourir demain !

Rémi Ros

1) Le guide pose un regard décalé sur nos territoires (pour l'instant sur le Tarn et Garonne et le Cantal) nous offrant la possibilité de l'observer sous un angle curieux, différent, autrement comme « l'autre qui ment ». Nous

retrouvons le charme de ce que l'on ne voit plus à force de trop le voir, à partir d'histoires insolites prenant appui sur un détail de géologie, une singularité architecturale, une page d'histoire.

2) En automne 2017 : trois livres

3) 4-5 ans

4) « Le Tarn et Garonne Autrement » et « Le Cantal Autrement : partie ouest »

5) Mon propre éditeur, je suis libre de présenter mon livre comme je le désire, à savoir comme un magazine pour que l'approche visuelle soit très attractive et qu'elle « colle » au concept : « Autrement ». Les inconvénients sont évidents, il faut avoir toutes les casquettes, écrivain, éditeur et… c'est pas le plus passionnant, distributeur.

6) Toujours un livre avec moi mais je ne suis pas un « dévoreur ». J'aime bien, aussi dans mes lectures, emprunter des chemins de traverse, découvrir de nouvelles plumes.

7) Non, c'est en prenant, là encore, des chemins non balisés que l'on découvre de nouveaux paysages. Encore qu'il soit agréable de se retrouver dans un environnement que l'on connaît bien. Il est des auteurs qui vous deviennent familiers. J'aime les ambiances des livres de Kate Mosse, j'apprécie de retrouver les aventures du capitaine Marcas des livres de Giacometti et Ravenne… entre autre !

8) Un écrivain doit être un merveilleux capitaine de Goélette vous faisant naviguer sur des océans inimaginables avec pour plume son embarcation et pour pays lointains son imagination.

9) De fait, l'actualité nous atteint et nous interagissons. Non, mes guides sont de la vulgarisation, juste pour le plaisir de se dire que l'on va sortir de chez soi et découvrir en toute simplicité parce que l'on a du temps à

perdre (quelle magnifique notion : perdre du temps, n'est-ce pas le gagner ?)

10) Une dizaine.

11) Salons, toutes les librairies des départements concernés par les guides et le site Internet.

12) Des rencontres avec les lecteurs potentiels, acteurs et souvent amoureux de leur pays. Si peu de lecteurs, un contact « intelligent » avec les autres auteurs CQFD.

13) Bon. Du travail de prospection sur l'Aveyron entrecoupé d'écriture, de séances de dédicace, le tout entrecoupé de participation aux salons. Chouette, que ça dure !

14) Montcuérois et Montcuéroise.

15) Alfred Hitchcock étant né un 13 août, on peut s'attendre à un film catastrophe, une simple fiction qui vous autorise à maintenir le salon de Montcuq. Et tant pis pour Nostradamus.

16) La sinistrose ambiante ? Soyons à contre courant. Le monde a besoin de garder le sourire : les jeunes l'espoir et l'humanité son espérance.

Monique Mahenc

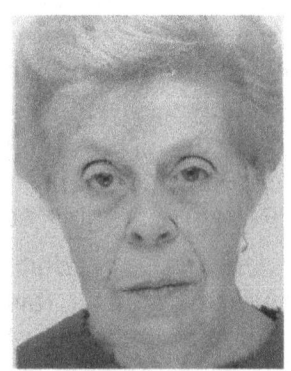

- Votre catalogue ? 2
- Depuis quand écrivez-vous ? 1998
- Depuis quand publiez-vous ? 2002

- Quel livre présenterez-vous en priorité ?
Une trilogie sur le patrimoine mégalithique en Quercy. Le premier tome débute sur le Causse de Gramat ; le second se poursuit dans la vallée du LOT ET LE troisième se terminera sur le Quercy Blanc
- Éditeur traditionnel ou votre propre éditeur ?
Je suis mon propre éditeur car j'ai eu des problèmes avec l'éditeur de mon premier volume
- Lisez-vous un peu beaucoup... ?
Beaucoup (je me documente).

- Combien de salons du livre chaque année ? 5 ou 6.

- Votre principal lieu de vente ?
Je me déplace dans les libraires et les magasins de presse

- Que recherchez-vous dans un salon du livre ?
Faire connaitre mes ouvrages et donner l'envie aux lecteurs de découvrir ces monuments magiques et si mystérieux

- État d'esprit actuel ?
Passionnée par mes découvertes mégalithiques.

- Nostradamus du 13 août 2017 ?
Ce salon ne peut qu'avoir lieu.

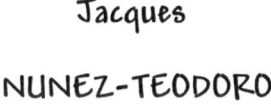

- 30 mots pour le dire : Ecrire, c'est taper sur l'épaule

d'une passante, ou d'un passant, et lui dire...Si nous parlions du monde un instant...

- Mon catalogue : 6 ouvrages publiés (poésie, théâtre, nouvelles, roman, roman noir)... hors publication dans des revues + un roman noir à paraître + pièces de théâtre sur « le proscenium.com »....et divers en instance chez des éditeurs.
- Depuis quand l'écriture ? Depuis mon plus jeune âge, mais sans jamais chercher à publier (très occupé par l'action sous de multiples formes).
- Depuis quand publication : Très récemment, 2015... depuis que je me consacre essentiellement à l'activité littéraire.
- Quel livre présenterez-vous en priorité : « *Fallait pas toucher au Quercy* », roman noir Editions des Bords du Lot. Ou, mieux encore, « *Old Quercy blues* », qui est la deuxième partie d'une trilogie prévue avec un héros récurrent... S'il est sorti à ce moment-là.
- Edité par des éditeurs traditionnels : Avantage : un suivi, un échange, une lisibilité, une distribution.... Difficulté : ce sont de petits éditeurs indépendants donc la lisibilité, la distribution sont problématiques, voir minimales. (Ainsi l'éditrice de mon premier roman vient-elle de mettre la clé sous la porte)... Il ne faut pas leurrer qui que ce soit : être édité chez un « grand » éditeur relève de l'utopie, si vous n'avez pas le carnet d'adresses qui n'est distribué que dans certains milieux, ou certains arrondissements parisiens, ou bien si vous n'êtes fils (ou fille) de, star, people, etc, etc. Le milieu est incestueux et fermé aux importuns, même s'ils vantent votre talent. Ferré le chantait déjà, Nizan vilipendait « les chiens de garde », Halimi en a remis une couche avec « les nouveaux chiens de garde ».
- Lisez-vous... ? Plutôt passionnément : 2 à 3 livres par semaine (je suis insomniaque... et je vis seul !)

- Auteurs de références : je vais tricher... Céline, sans conteste et quoique que l'on en pense.... Jean Malaquais... Jean Eckert (dit John, Jean Amila)

- Que signifie être écrivain : poursuivre mon chemin avec d'autres outils... On ne saurait écrire si l'on ne parle pas du monde, disait Camus.

- Vous sentez-vous observateur... vos livres apportent-ils.... ? Cf réponse précédente. Un exemple Certains écrivirent « L'honneur des poètes »... Char, Eluard, Aragon, Desnos, Tardieu.... Un autre pondit un pamphlet : « le déshonneur des poètes ». Un imbécile nommé Benjamin Péret. Je n'hésite en aucune manière et je laisse ce sinistre personnage là d'où il n'aurait jamais du sortir, dans la poubelle de l'Histoire.

- Salons du livre... : Je suis un néophyte... 15, environ.

- Principal lieu de vente, le salon ? non

- Que recherchez-vous ?... Des rencontres... Avec du public, d'autres auteurs... Des échanges avec d'éventuels lecteurs(ices)

- Etat d'esprit actuel : colère... écœurement... tentation de l'île déserte.

- Population ? Habitants ? Au doigt mouillé, 1300 âmes. Les moncuquois (?)

- Nostradamus : maintenir le salon... Si Paris reste debout, tant mieux. Villon y traîne encore, la Commune est dans le souvenir des pavés arrachés et 68 aussi, quoiqu'en veuillent certains malfaisants.

Question oubliée : À quand une société propre et, partant, une littérature digne de ce beau nom ?

Magda Pascarel

- Mon catalogue comprend 5 livres et c'est du développement personnel.
- J'écris depuis très longtemps même durant mes études.

- Mon premier Livre est sorti en 2011.

- Le Livre que je présenterai en premier lieu : *L'éthique pour donner un sens à votre vie*.

- Je suis en auto-édition car c'était mes débuts de mes ouvrages car je tenais à suivre et à participer au bon suivi de mes livres avec un éditeur ; un bon acheminement pour un résultat désire. Ce qui n'est pas toujours en étant édité.
Pour moi, il n'y a pas d'inconvénients puisque j'ai préféré comme ça.
Oui, cela implique un investissement : édition et imprimeur mais dans les salons du livre, je vends mes livres et c'est pour moi et ça me permet petit à petit de rentrer dans mes frais. Et j'en dispose comme je le veux. Ce qui n'est pas le cas avec une maison d'édition. Et surtout je choisis mes salons du livre.

- Je n'écris pas pour dire que je suis écrivaine moi c'est apporter aux Autres ce manque d'amour à tout Amour.

- Je pense que mes livres sont très nécessaires de nos jours. Ce n'est pas tous les lecteurs qui se précipitent à mon stand mais c'est une certaine catégorie de lecteurs ou alors des lecteurs qui ont des problèmes...

- 15 à 20 salons par an.

- Oui ma maison d'éditions s'en occupe "Eivlys Market" et librairies etc.... (Jean Louis Maure, auteur lui même à Mauriac).

- Je cherche en particulier l'approche du lecteur avec ses commentaires, ses questions.... j'aime ces moments là.

- Je pense que les salons sont très bien organisés dans l'ensemble. Il y a une certaine convivialité et, entre auteurs une amitié de partage et d'échange.

- Le nom des habitants : ?

- Je ne suis pas Mme Mirosca. Il ne faut tenir compte de ce qui se dit. Le salon doit avoir lieu tout simplement.

- Rien.

Claude Janvier

- Depuis quand écrivez-vous ? Depuis 10 ans.

- Depuis quand publiez-vous ? Depuis 10 ans. Dans des médias participatives et des blogs

- Quel livre présenterez-vous en priorité ?
Coup de gueule d'un jour, coup de gueule toujours

- Éditeur "traditionnel" ou votre propre éditeur ?...
Aucun avantage à être publié par un éditeur qui n'a pas de réseau de diffusion. De même si on est son propre éditeur. L'important est la diffusion.

- Lisez-vous un peu... ? Oui un peu tous les jours.
- Avez-vous un auteur "de référence" ? Non.
- Que signifie pour vous "être écrivain" ? Ecrire.
- Observateur du monde... ?
Oui, j'écris des billets d'humeur. Pour ça, j'observe, je décortique, j'analyse etc...
- Combien de salons chaque année ?
3 ou 4, cela dépend.
- Votre principal lieu de vente ? Oui pour l'instant.
- Que recherchez-vous dans un salon du livre ?
Des contacts et des ventes.
- État d'esprit actuel ? Optimiste.
- Nous sommes des ? Montcuquois... (es)...
- Nostradamus du 13 août 2017 ? Rien à faire de plus. Oui pour le salon et pour la vie qui doit continuer.
- Question libre : Droite ou gauche ? Aucune des deux.

- Votre catalogue est composé de combien de livres, dans quels genres ?
Mon catalogue se compose de cinq livres dont deux (2) recueils de 200 à 220 pages. Ce sont des contes inédits

pour enfants de 8 à 12 ans. Ces ouvrages grandissent avec mes fans et sont des contes inédits à suivre. Trois contes sur mon île natale.

- Depuis quand écrivez-vous ?
Depuis une dizaine d'années.

- Depuis quand publiez-vous ? Depuis dix ans

- Quel livre en priorité ? Mon premier recueil.

- Éditeur "traditionnel" ou votre propre éditeur ?...
Mon éditeur est ACALA et j'en suis très satisfaite.
- Lisez-vous un peu beaucoup passionnément... ?...
J'aime la lecture mais le temps, je dois le trouver: c'est écrire ou lire mais je lis quand même.

- Avez-vous un auteur "de référence" ? Dont vous avez lu, lisez, l'ensemble de l'œuvre ?
Autant en emporte le vent, les deux tomes. Margaret Mitchell, Victor Hugo, Louis Bromsfield

- Que signifie pour vous "être écrivain" ?
Ah ah! Pour moi, c'est une passion, des échanges entre lecteurs, mais la priorité est d'alléger ma tête remplie de... d'inspirations, être devant un bureau et sortir des contes, Ecrire!

- Observateur du monde, de notre époque ?...
Le rêve dans toute sa splendeur, un brin de morale, d'humanisme, de faire lire et... toujours écrire tant que j'aurai ma tête.

- Combien de salons du livre chaque année ?
Trois ou quatre mais j'en organise également.

- Est-ce votre principal lieu de vente ?
Etant de la Réunion, j'ai la chance de dédicacer et de vendre quelques livres à mes fans.

- Que recherchez-vous dans un salon du livre ?
Faire des rencontres entre écrivains, rencontre des futurs lecteurs, faire connaître mes écrits et en principe, les lecteurs apprécient de voir la personne qui écrit et

sont heureux de repartir avec une dédicace d'un auteur qu'ils ont vu.

- État d'esprit actuel ?
Les grands'parents achètent moins de livres à leurs petits-enfants par rapport à dix ans en arrière.

- Montcuq en Quercy Blanc... les habitants ?
Pour une colle, c'est est une mais je me rattraperai dès ce soir!

- Nostradamus du 13 août 2017...
Je ne veux pas me prêter à cette sornette, je ne crois qu'en Dieu et en la Sainte Bible.

- Question libre :
Je serais très heureuse de passer une journée dans votre village. Je souhaite qu'il ne fasse pas une chaleur aussi excessive qu'actuellement, revoir ce beau village...

Patrice Sopel

- Auteur, j'aime partager mes rêves par le biais de romans de fantasy pour faire voyager les lecteurs, mais aussi les alerter sur certains sujets peu connus. Qu'un roman soit tiré complètement de l'imaginaire ou de la réalité, je considère qu'il ne doit jamais laisser indifférent et apposer une empreinte dans l'esprit !

- Je ne suis pas un très grand lecteur, faute de temps, mais ma bibliothèque compte une centaine de livres. je lis essentiellement de la science-fiction et du fantastique.

- J'ai commencé à écrire très tôt, vers l'âge de huit ans pour mettre sur papier mon esprit rêveur. Par la suite, mon écriture et la motivation furent chaotiques, jusqu'à récemment où je me suis "réveillé" afin de passer à la vitesse supérieure.

- Ma première publication a eu lieu en 2016 aux éditions Encre Rouge, et un second roman édité cette année, en 2017 dans la même maison d'édition.

-Mon principal livre qui me tient à cœur est "les âmes assassinées". Il s'agit d'un roman engagé qui traite du martyr des lévriers Espagnols, sujet encore trop méconnu du public !

- Je suis édité dans une maison d'édition à compte d'éditeur. Cela soulage grandement des contraintes administratives ; l'auteur n'a plus qu'à se concentrer sur sa promotion mais aussi sur l'écriture. L'inconvénient, c'est que l'on ne maîtrise pas toute la chaîne de son livre.

- Je dois avouer lire assez peu, par faute de temps.

- H.P. Lovecraft m'a fait découvrir le fantastique avec un grand "F". Il m'a durablement influencé dans mon écriture. J'ai dévoré tout ce qu'il a produit !

- Je ne suis pas écrivain mais auteur. Je considère que pour être écrivain il faut bosser à plein temps dans ses écrits et être capable d'en vivre.
Cela ne concerne qu'une infime minorité d'auteurs... Sinon en tant qu'auteur, c'est le plaisir de faire plaisir, avec des histoires qui vont interpeller positivement les lecteurs. C'est une sacrée émotion lorsqu'un lecteur s'est approprié de votre roman !

- Je pense être un observateur passif. Il est certain que l'actualité influence l'auteur et sa façon de penser, et cela se répercute inconsciemment ou non dans l'écriture. Il en est de même pour la "pensée dominante" qui nous imprègne et marque notre époque. Mes livres délivrent nécessairement quelque chose, car je considère que le lecteur, en plus du plaisir de vivre une jolie histoire, doit également en retirer quelque chose...

- Toujours par manque de temps et parce que je travaille en horaires décalés, je ne dispose que de très peu de week-ends. Cela m'est donc compliqué de me libérer. Mais je le fais dès que j'en ai la possibilité ! Le nombre de salons effectués oscille entre 3 et 4 par an, pas assez malheureusement !

- L'internet reste le principal réseau de vente ; les salons sont secondaires en égard des possibilités de participation de ma part à ces derniers.

- Un salon du livre permet de rencontrer de potentiels lecteurs et ceux qui vous connaissent déjà sur internet. Cela permet de se voir en chair et en os. Les échanges s'en trouvent plus enrichis que derrière un clavier. Et, surtout, les lecteurs voient de leurs yeux que les auteurs sont des personnes simples et accessibles. La rencontre avec d'autres auteurs s'avère également enrichissante.

- Je suis excité à l'idée de participer à la deuxième édition du salon de Montcuq. Je vis l'écriture au jour le jour et ne me prends pas la tête ; la satisfaction des lecteurs reste ma priorité !

- Le nom des habitants d'une ville ou village recèle parfois des pièges.
Je ne m'étais jamais posé la question jusqu'ici, mais je dirai Montcquérois (je sais c'est une bêtise !).

- Si Paris doit effectivement disparaître le même jour que le salon de Montcuq, j'invite solennellement nos amis les Parisiens à venir nous rendre visite ce jour là ; non seulement ils sauveront leur vie, mais en plus ils rencontreront des auteurs et découvriront forcément des livres qui leur plairont ! Le salon devrait être maintenu, tout simplement par esprit humanitaire ! (rire)

- Pour la question oubliée, je pense que nous avons fait

le tour, mais j'ajoute que je me ferai une joie de présenter mes œuvres au public que je salue par avance, et je remercie les organisateurs d'avoir accepté ma participation à ce salon !

Monique Serey

- Trente mots...
Les sorciers de village s'éteignent un à un, les prêtres ne répondent plus à toutes nos attentes, et pourtant nous avons toujours besoin de ces ambassadeurs de l'invisible. Ceux-ci, de tout temps et en majorité, ont été des femmes. Aujourd'hui, on les appelle voyantes, médiums, astrologues, cartomanciennes... mais ces mots sont trop limitatifs : ils se bornent à désigner des "spécialités" fondées sur des techniques particulières. Cela rassure, sans doute, mais contribue à maintenir une barrière infranchissable entre ceux qui exercent et ceux qui consomment. Or les choses du sort, les forces de l'invisible n'appartiennent ni à une caste ni à une corporation.

- Votre catalogue ?
5 livres, le 6 ième en préparation. Thématique roman d'aventure : fiction : ésotérisme

- Depuis quand écrivez-vous ? 1987

- Depuis quand publiez-vous ? 1988

- Quel livre présenterez-vous en priorité ?
"Code Marie Lou" Editions Claire Lorrain.

- Éditeur "traditionnel" ou votre propre éditeur ?...
Edité à compte d'éditeur. Avantage certain.

- Lisez-vous un peu beaucoup passionnément...?
Beaucoup

- Un auteur "de référence" ? Barjavel

- Que signifie pour vous "être écrivain" ? la création...

- Observateur du monde... ?
Compréhension du monde sûrement pas, mais initier ceux qui me lisent à mieux comprendre les êtres humains.

- Combien de salons du livre ? Peu... 2 cette année.

- Est-ce votre principal lieu de vente... ?... Moi-même

- Que recherchez-vous dans un salon du livre ?
Le contact des belles rencontres.

- État d'esprit actuel ?
Tout va bien, je positive tous les jours ! La vie est belle !

- Notre nom ? (vue poétique autorisée) Blanculmontois.

- Nostradamus du 13 août 2017 ?...CARPE DIEM.

- Question libre : aucune.

Bernard Stimbre

- Votre catalogue ? 2 livres. *L'appel du large* (sous le nom de Camille Colmin) éditions TAbou (plutôt érotique mais pas que...) et *la fête des fols* en papier, numérique et audio book.

- Depuis quand écrivez-vous ?
60 ans... poèmes d'école petites nouvelles perdues.

- Depuis quand publiez-vous ? 2011

- Livre en priorité ? LA FÊTE DES FOLS.

- Éditeur "traditionnel" ou votre propre éditeur ?...
Je me suis d'abord auto édité... puis deux éditeurs ont voulu mon roman. Le premier était un truand (ed st amand) qui m'a pillé comme une trentaine d'autres ; je l'ai fait condamner le 20 10 2016.
Le second était sérieux (à valoir de 500 €) le livre est toujours en vente aux éd Tabou.
S'auto-éditer c'est plus rentable mais limité au cercle des connaissances. L'édition traditionnelle rapporte peu mais on ne se prend pas la tête avec la distribution.
Mon second roman est oublié [lapsus de l'auteur ! publié ? ST] aux éditions du 38 à compte d'éditeur.

- Lisez-vous un peu beaucoup... ?
Énormément (actuellement sur le moyen âge)

- Un auteur "de référence" ?
Camus ; Hugo, (j ai monté un spectacle sur Hugo où je dis, raconte et chante Hugo) J Teulet, et G Duby, J Herres, J Legoff.

- Que signifie pour vous "être écrivain" ?
Lire le monde et dire son monde... proposer son regard et ses connaissances, ses réflexions à autrui.

- Vous sentez-vous observateur du monde... ?
Absolument alors que mes deux derniers romans se passent au XIV ème siècle.

- Combien de salons du livre chaque année ? 4 /5

- Est-ce votre principal lieu de vente ?
Moi et l éditeur à égalité

- Que recherchez-vous dans un salon du livre ?
Me faire connaître... trouver de nouveaux lecteurs rencontrer d'autres écrivains

- État d'esprit actuel ?
Apaisé (mon troisième roman est bouclé) le quatrième se réfléchit... J'ai publié un album de 15 chansons originales (j'ai 2 partenaires pro en scène) j'ai 7/10 concerts en vue pour 2018.
"Par tous les diables" le tome III sera terminé en JUIN 2018

- Notre nom ?
Blancs quercynois et montcuquoises salut !

- Nostradamus du 13 août 2017 ?...
Paris n'est que le centre de son nombril
"La sagesse est dans le village ! La grande ville et sa presse ne pense qu'à des superflus onéreux, rubans et fanfreluches, pour le paraître. Village et alentours répètent à chaque instant que l'essentiel est dans la maisonnée, le jardin et la forêt, l'amour et l'amitié qu'aucun écu n'achète." Page 46 de *la jeunesse est un pays chaud*.

- Question libre : Comment faire échapper les auteurs et éditeurs de province à la malédiction des quelques grands distributeurs... et leur main mise sur tous les médias... qui produisent parfois des chefs d'œuvres mais promeuvent aussi des vraies merdes ? puissance du média.
On promeut des livres comme on a promu MAC Ronds Tout se vend ... mais qu'est-ce qui vaut ?

Gilbert Costa

- En trente mots : Avec "*Il n'y a que les autres*", écrire m'a permis de revivre!
- Votre catalogue ? 5 livres. 3 policiers, un roman d'amour et un de "société"
- Depuis quand écrivez-vous ? 2004.
- Depuis quand publiez-vous ? 2008.
- Livre en une ? "*des pruneaux...d'Agen à Macao*".
- Éditeur "traditionnel" ou votre propre éditeur ?...
J'ai été édité en participation par la Société des Ecrivains et pour mon dernier livre à compte d'éditeur pour "des pruneaux...d'Agen à Macao". Editeur "local" les Editions du Bord du Lot ont su parfaitement s'occuper de mon livre qui se passe presqu'entièrement dans le Lot et Garonne.
- Lisez-vous... ?... Je lis énormément, tout !
- Auteur "de référence" ? John Irving
- Que signifie pour vous "être écrivain" ?
Pouvoir, grâce à la magie de l'écriture, naviguer dans le monde que j'imagine, sans perdre pour autant le sens des réalités
- Observateur du monde... ?...
Un peu. En particulier mes livres dont l'action se situe à l'étranger, Chine ou Vietnam, me permettent d'avoir cette impression.
- Combien de salons du livre chaque année ? 3 ou 4.
- Est-ce votre principal lieu de vente ?
Non. Je fais aussi des dédicaces en librairie et j'ai des ventes aussi sur les sites marchands d'internet: amazon, fnac,..
- Que recherchez-vous dans un salon du livre ?
Le contact avec les lecteurs
- État d'esprit actuel ? Je suis un fataliste!
- Montcuq en Quercy Blanc... habitantes et habitants ?
Les Cuqblanches et les Cuqblancs

- Nostradamus ?... Bien sûr maintenir et continuer.
- Question libre : Quel rapport avec vos lecteurs?
C'est ce que je préfère. rencontrer le public et parler, parler. Au dernier Salon du livre de Villeneuve sur Lot j'ai rencontré 70 personnes! J'y retournerai!

Jack Karoll

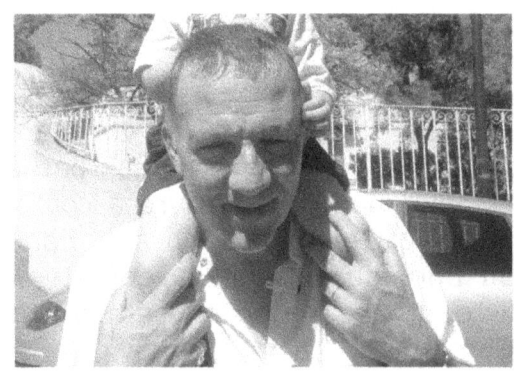

- Votre catalogue ?
Le premier livre d'une saga en trois volumes.
- Depuis quand écrivez-vous ?
Une petite quinzaine d'années.
- Depuis quand publiez-vous ?
J'ai publié pour la première fois à compte d'auteur en 2008.
- Quel livre présenterez-vous en priorité ?
Un messager dans le temple
- Éditeur traditionnel ou votre propre éditeur ?
J'ai essayé le mode à compte d'auteur, je teste maintenant à compte d'éditeur... je vous dirais bientôt ce qui change... à part la prise en charge financière.
- Lisez-vous un peu beaucoup passionnément... ?...
Je lis passionnément des nourritures souvent spirituelles.
- Avez-vous un auteur "de référence" ?...
Non, je suis un opportuniste qui fonctionne à l'instinct!
- Que signifie pour vous "être écrivain" ?
Avoir envie et/ou besoin de faire passer un message...

- Observateur du monde... ?...
Pour être franc, j'espère qu'il portera les fruits d'une remise en question des valeurs fondamentales, qui prennent leurs élans dans le premier volume pour finir à la dernière ligne du troisième....

- Combien de salons du livre ? c'est ma première année, pour l'instant je suis dans deux salons.

- Votre principal lieu de vente ? Les éditions du Désir.

- Que recherchez-vous dans un salon du livre ?
Une expérience, un partage, un petit morceau de vie et de l'espoir

- État d'esprit actuel ? Curieux, révolté, assoiffé de comprendre pourquoi les grandes questions existentielles ont désertées les esprits d'aujourd'hui.

- Nom ? Des Montquerblanchois et Montqerblanchoises...

- Nostradamus du 13 août 2017 ?...
Oui maintenons le bien sur, et si Paris reste debout, prions pour que tout ceux qui y vivent ne finissent pas par se transformer en Zombie...

- Question libre : Quel livre auriez vous aimé écrire ? L'Apocalypse de St Jean....Car je saurais peut être quand la raison reviendra dans cet univers....

Sylvain YARDIN-SUZAN

J'ai actuellement 6 livres dans mon catalogue qui abordent principalement le respect et la tolérance dans notre société... mais pas que!!!

Si j'écris depuis mon adolescence je ne suis publié que depuis 5 ans aux éditions du net depuis quelques années. J'ai choisi cet éditeur car je travaille souvent avec des lycéens et la rapidité d'édition permet dans une même année scolaire et d'écrire et de publier.

Je présente cette année 2 livres, un préfacé par Najat Vallaud Belkacem alors ministre de l'éducation nationale et un second qui traite du harcèlement.

J'aime écrire me suis longtemps inspiré de Baudelaire à été une source d'inspiration.

Pour moi, un écrivain peut être celui qui observe notre société et qui permet au lecteur de s'évader. L'écrivain peut également s'évader lui même.

Chaque année j'essaie de faire 2 ou 3 salons ce qui me permet de rencontrer de potentiels lecteurs mais également de me faire connaître.

Je ne connais pas monteur mais les habitants pourraient s'appellera des montcudoigts....lol

Si la fin du monde se produit le 13 août il faut maintenir le salon du livre pour faire connaître aux petits hommes verts notre culture.....lol

Nelly Calarco

- Votre catalogue ? Un seul livre: roman.
- Depuis quand écrivez-vous ? Depuis l'adolescence.
- Depuis quand publiez-vous ? Depuis 1 an.
- Quel livre présenterez-vous en priorité ? Gabrielle.
- Éditeur "traditionnel" ou votre propre éditeur ?...

Édition d'auteur: En payant vous êtes publié.....

- Lisez-vous... ?... Un peu

- Auteur "de référence" ? Irving et Dostoïevski.

- Que signifie pour vous "être écrivain" ?
"Violent railleur insouciant ainsi nous veut la sagesse, elle est femme et n'aimera jamais qu'un guerrier"
C'est ça être écrivain! C'est aller dans les entrailles de l'être pour y puiser le vivant.

- Vous sentez-vous observateur du monde... ? Non.

- Combien de salons du livre chaque année ? 5.

- Votre principal lieu de vente ? Oui.

- Que recherchez-vous dans un salon du livre ?
Des acheteurs.

- État d'esprit actuel ? Optimiste.

- Nom des humains d'ici : Quércois et quércoise.

- Nostradamus du 13 août 2017 ?... Maintenir le salon écrire un livre sur les erreurs de Nostradamus

Thomas Touzel

- Trente mots, au maximum :
Evadez-vous dans un autre univers au milieu de la galaxie en compagnie d'Arkentos et de son équipage !

- Catalogue ?
ODA Il s'agit d'une trilogie de science-fiction tout public.

- Depuis quand écrivez-vous ? L'âge de 12 ans.

- Depuis quand publiez-vous ? 2015.
- Livre à la une ? La trilogie ODA.
- Lisez-vous un peu beaucoup passionnément... ?...
Beaucoup essentiellement de la science-fiction....
- Avez-vous un auteur "de référence" ? Lovecraft.
- Que signifie pour vous "être écrivain" ? S'évader par l'écriture, faire partager son imagination aux autres.
- Vous sentez-vous observateur du monde... ?...
On me dit souvent que je suis un visionnaire !
- Combien de salons chaque année ? Une vingtaine.
- Est-ce votre principal lieu de vente ? Oui car étant édité à mon propre compte je n'ai pas de distributeur.
- Que recherchez-vous dans un salon ? L'échange, le partage, la rencontre avec le public curieux !
- État d'esprit actuel ? joker !!!!!!!
- Habitants d'ici ? Montcuquois !!!!! mais quoi !!!!!! ;)
- Nostradamus du 13 août 2017 ?...
Bien sur ! au moins on termine en apothéose !!

Maïté Lauzely-Darbon

- Je me souviens du premier livre que j'ai lu. J'avais 9 ans. Cela se passait à l'orphelinat de MONTCUQ qui se trouve au pied de la tour, où je venais passer mes vacances d'été. Nous avions à notre disposition une bibliothèque et par pur hasard j'ai choisi "Premier de cordée" de Roger Frison-Roche, dans le titre le mot "Premier" me plaisait. J'ai trouvé le récit magnifique et depuis je lis...

- J'ai presque toujours écrit, au début c'étaient des poèmes, puis de courts récits basés en général sur le comportement des gens qui m'entouraient. Mon premier ouvrage est sorti en 2008 et mon huitième en janvier 2017.

- En priorité je présente "Sac à Dos et Droit Devant" : mon expérience sur les sentiers de Compostelle (St Jean-Pied-de-Port---> Compostelle - 800km), à cause de la qualité de cette expérience.

- Je suis auto éditée chez ACALA et "Au fil des Mots". La raison en est que pour mon premier ouvrage j'ai eu recours à une excellente biographe qui m'a donné de bons conseils et ensuite j'ai eu la chance de rencontrer la Présidente de l'ACALA et un peu plus tard j'ai confié mes ouvrages au fil des mots. Cette procédure me convient parfaitement.

- Je lis tous les jours.

- J'aime bien Christian Signol mais aussi Marie de Hennezel. En fait je ne suis pas particulièrement fidèle à un auteur, mon choix se fait par rapport à l'humeur du moment.

- J'ai conscience que je suis écrivain lorsque des personnes viennent me trouver et me disent : j'ai beaucoup aimé votre livre.

- J'observe le monde avec bienveillance parce qu'une vie ne se passe jamais sans souffrir de temps en temps.

- Je fais une vingtaine de salons par an.

- Je vends également par l'intermédiaire d'internet et par relations.

- Entre auteurs nous avons de très bons contacts.

- L'état d'esprit des auteurs que je rencontre dans les salons du livre est excellent dans l'ensemble, des liens de sincère amitié voient le jour.

- Les habitants de Montcuq en Quercy Blanc d'après mes souvenirs sont des Montculotais.

- Nostradamus a dû se tromper. Quoiqu'il en soit que pourrions nous changer, alors "qui Vivra Verra ! "

Claude Rannou

1-J'écris des romans avec le souci de susciter l'intérêt et le plaisir de mes futurs lecteurs. Outre les histoires, je m'attache donc à proposer une écriture simple, précise, agréable, classique par rapport à la langue française.

2-J'ai écrit une dizaine de romans avec une prédilection pour les sagas historiques mais j'ai aussi écrit deux livres pour enfants dont je fais moi-même les illustrations. Un de ces livres a obtenu le prix 2016 du roman jeunesse au salon international de Mazamet.

3-Comme la plupart des écrivains, j'écris depuis toujours car l'envie et la possibilité de composer un livre ne s'improvise pas.

4-La publication est autre-chose. Il est plus facile d'écrire que de publier. Pour ma part, j'ai publié mon premier livre il y a une vingtaine d'années.

5-Mes deux derniers ouvrages parus cette année sont: "Sélène et le camping-car"(livre jeunesse) et "Une femme par jour, sauf le week-end" (roman s'attaquant aux problématiques actuelles).

6-Je n'ai pas d'éditeur attitré mais je me refuse à faire de l'auto-édition ou du compte d'auteur. Mes livres passent par des comités de lecture et une édition à compte d'éditeur.

7-Quand on est écrivain, c'est que l'on a lu beaucoup. C'est là la première formation indispensable. C'est pour dire que je lis énormément et un peu de tout.

8-Mon auteur de référence est Emile Zola pour son sens du détail et la précision de ses récits. C'est un auteur que je lisais quand j'étais enfant alors qu'il correspondait peu à mon âge.

9-Etre écrivain, c'est l'envie d'écrire pour soi et pour les autres, c'est avoir besoin de transmettre une parole et des sentiments qui resteront dans le monde.

10-Nous sommes tous observateurs de ce qui se passe autour de nous et c'est au travers des histoires que nous racontons que nous pouvons parfois susciter la réflexion chez nos lecteurs.

11-Je participe à une dizaine de salons par an mais c'est plus pour le plaisir de rencontrer des amateurs de livres et des collègues que pour la vente des livres qui reste limitée.

12-Mon état d'esprit est toujours égal et je mesure la chance que j'ai d'avoir cette capacité. Je suis en fait une optimiste-fataliste.

13-Les habitants de Moncuq pourraient s'appeler les moncuquois, mais ce n'est sûrement pas ça. Ce serait trop simple.

14-Les prophéties de Nostradamus sont sujettes à interprétations et elles ne doivent jamais être prises au premier degré. Il faut lire entre les lignes et entre les mots...Destruction ne veut pas dire forcément démolition mais peut-être renouvellement.

Robert Perrin

En 1968, alors étudiant à l'université des sciences de Lyon, je battais le pavé pour défendre avec force une université libre et accessible à tous. Quelques années plus tard, de belles rencontres, d'hommes et de femmes qui m'ont fait confiance au cours de ma vie professionnelle m'ont conduit, contre toute attente, à devenir le PDG d'un groupe aéronautique et à être directement en charge des destinées de cette entreprise et d'un millier de salariés environ.

Il m'a fallu alors combiner mes convictions, mes valeurs profondément ancrées à gauche, sans jamais y renoncer, avec les exigences très libérales de mon actionnaire, d'abord américain puis anglais. Durant ces quarante années de vie professionnelle, je me suis découvert une passion forte pour le management et la direction des équipes et j'ai pu traduire dans mon action quotidienne mon profond attachement à l'idée qu'il fallait réhabiliter l'être humain dans nos entreprises.

Comme observateur mais surtout acteur de l'évolution des entreprises, j'ai constaté que se mettait en place un processus lent conduisant à une deshumanisation des organisations dans une course effrénée vers le « toujours plus, toujours plus vite ». J'ai pu observer aussi les mécanismes qui conduisent à l'épuisement professionnel et les dégâts provoqués sur les individus par cette dictature du « toujours plus ».

L'écriture s'est imposée à moi tardivement, vers soixante

ans, comme un exutoire puis comme un devoir, celui de partager mon expérience et d'apporter mon témoignage. Sans doute en ai-je eu besoin à certains moments difficiles de ma vie professionnelle, lorsque mes convictions ont pu être chahutées par une réalité peu amicale, lorsque ma détermination à toujours préserver l'essentiel, c'est-à-dire l'être humain, a été challengée par la pression permanente du résultat exercée par un actionnaire indélicat.

Deux livres, pour le moment sont nés de cette colère. Un essai d'abord, Une irrésistible Envie de Beau édité par la Société des Ecrivains, le Beau sous entendu dans ce titre étant l'être humain mais aussi décrit comme antidote à la morosité ambiante et à la violence larvée qui empoisonnent aussi bien la sphère professionnelle que nos vies au quotidien. Le second, Le Serment de Pisac édité par 7 Ecrit est un roman. Le héros principal, quadragénaire et cadre supérieur en pleine gloire, va sombrer progressivement dans un épuisement professionnel, le burnout en anglais. Ce burnout est devenu une bien triste réalité de nos entreprises, une plaie, confirmant la précarité morale et la fatigue des salariés, dont les causes sont la déshumanisation des organisations et la dictature du toujours plus que je dénonce. Ces deux livres seront présentés au salon du livre de Montcuq en Quercy blanc. Un autre livre est en cours d'écriture, il traitera de l'éthique en entreprise sur laquelle il ya beaucoup à écrire !

En dehors de l'écriture, je souhaite aussi porter mon témoignage auprès du public qui participe à mes séances de signature, en organisant des conférences ; auprès des jeunes aussi en intervenant à l'Université et dans les grandes écoles où sont formés les futurs dirigeants d'entreprise. Avec le secret espoir de pouvoir les convaincre qu'il existe une autre entreprise, plus humaine, l'entreprise du « mieux travailler ensemble » et qu'ils sont en capacité, par leurs actions d'accompagner ce changement.

Jean-Claude Bachelerie

1 - Mon catalogue est composé de cinq livres.
Romans, récits, livre d'histoire.

2 – J'écris depuis 6 ans, mais il y avait plus de trente ans que j'en avais très envie. Mais comme lorsque j'étais en activité je n'en avais pas le temps, j'ai attendu patiemment d'être à la retraite. (J'ai 71 ans.)

3 – Il y a cinq ans que mon premier roman a été publié par un éditeur parisien. Mais, comme il ne s'occupait guère de moi, au bout de quelques mois, j'ai résilié le contrat.

4 – Comme ce sera la première fois que je participerai à la fête du livre de Montcuq, je ne présenterais à vos lecteurs aucun livre en particulier, car je les aime tous. Ce sera donc au lecteur de choisir.

5 – Il y a quatre ans que je suis mon propre éditeur. Ma société d'édition a pour nom : JCBEdit.
Les avantages : C'est moi qui choisis les couvertures de mes livres et qui les fais faire par un graphiste professionnel. C'est également moi qui commercialise et distribution de mes ouvres. Bien que je ne sois pas motivé par l'appât du gain, le fait de ne pas avoir affaire à un éditeur extérieur qui, tout au plus, ne me verserait que 8% sur le prix de vente de chaque livre, je reconnais qu'en me suffisant à moi-même, c'est plus avantageux.
En étant moi-même éditeur, cela me permet de publier mes livres quand je le souhaite.

Les inconvénients : Enfin ! Si l'on peut dire ! Pour mener à bien, l'écriture, la commercialisation et la distribution des ouvrages, si l'on ne dispose pas de tout son temps, autrement dit, si l'on n'est pas libéré de toutes obligations professionnelles, cela pourrait être un inconvénient.

Pour les auteurs qui souhaitent être distribués sur l'ensemble de l'hexagone, ce qui n'est pas mon cas, cela peut également être un inconvénient.

6 – Je lis modérément. Comme on dit : on ne peut pas être au four et au moulin en même temps. Quoi qu'il en soit, je lis toujours passionnément.

7 – Dans l'année, je participe, environ, à dix, voire quinze salons du livre.

8 – En effet, comme tout un chacun, je me sens observateur du monde. Mais, ce qui motive l'écriture de mes ouvrages, c'est surtout l'observation de mes semblables que je regarde, autant que faire se peut « au fond des yeux », pour reprendre l'expression d'un de nos anciens présidents de la République française.

9 – Heureusement pour moi, que les salons du livre ne sont pas le lieu de mes principales ventes ! Mon réseau de distribution s'étend principalement des maisons de la presse, aux centres commerciaux, voire quelques librairies.

10 – Les salons du livre me permettent de rencontrer les lecteurs, les lectrices ; devrais-je dire, car il y a très peu d'hommes qui lisent, avec qui j'ai plaisir à engager la conversation, mais également les auteurs régionaux dont certains sont devenus de véritables copains.

11 - Mon état d'esprit actuel, s'il s'agit de cela, est au beau fixe. Je suis en bonne santé et, qui plus est, j'ai la chance de faire ce qui me plaît.

S'il s'agit des salons du livre, je dirai que les lecteurs sont frileux.

12 – Sans chercher sur le net, je dirais : les Montcuquois, tout en étant persuadé que ça doit être beaucoup plus compliqué que cela, car je ne sais pas d'où vient le mot Montcuq.

13 – Si Paris doit être détruit le 13 août 2017, ce qui pour moi est une hypothèse franchement utopique, je vous conseille donc de maintenir le Salon du livre de Montcuq, qui, je l'espère, sera l'occasion de passer un bon moment, car je suis persuadé que la capitale restera debout.

14 – La question subsidiaire...
Quels sont les critères qui permettent d'écrire un roman ?
Sa propre culture ; le don de l'observation ; la réflexion ; la sensibilité ; l'analyse ; l'amour ; l'écoute des autres, l'expérience de la vie, l'entendement...

Thierry Delrieu

- Trente mots : La passion de l'écriture m'est tombée un jour dessus et ne m'a plus quitté depuis lors.

- Catalogue ? J'ai publié 5 livres :
. Le voyageur de l'île d'Yeu
. Les voyageurs de l'Apocalypse
. Les voyageurs de la Terreur
Les "voyageurs" sont une trilogie dans laquelle les héros cherchent à sauver le monde en voyageant à travers le temps.

. "Histoire du château de Cuzorn" est un livret historique.
. "Château de Cuzorn, la malédiction" est un roman historique.

- Depuis quand écrivez-vous ? Depuis l'année 2005

- Depuis quand publiez-vous ?
Mon premier roman a été publié en 2009

- Quel livre présenterez-vous en priorité ?
"Le voyageur de l'île d'Yeu" et "Château de Cuzorn, la malédiction"

- Éditeur traditionnel ou votre propre éditeur ?
Je suis édité par les éditions du Bord du Lot

- Lisez-vous... ?... Beaucoup !

- Auteur "de référence" ? Jules Verne, sir Conan Doyle, Maurice Leblanc.

- Que signifie pour vous "être écrivain" ?
Pouvoir mettre en mots les histoires qui peuplent mon esprit.

- Observateur du monde ?
Je cherche à comprendre l'influence des évènements du passé sur notre réalité actuelle.

- Combien de salons du livre chaque année ? 3 ou 4.

- Votre principal lieu de vente ?
Oui, avec le site internet de mon éditeur

- Que recherchez-vous dans un salon du livre ?
Le contact avec mes lecteurs, passés et futurs.

- État d'esprit actuel ? Optimiste sur l'avenir.

- Habitants ? Montcuquoi ou quoi ?
- Nostradamus du 13 août 2017 ?...
Alors, je suis d'autant plus heureux de participer au salon du livre à Montcuq

- Question oubliée... Préférerez-vous que je réserve la pluie ou le soleil le 13 août à Montcuq ?
- Le soleil, mais avec un brin d'air frais, merci !

Christian Robin

Mon catalogue est composé d'une bonne vingtaine de titres, en littérature de genre (polar, fantastique, humour et le tout mélangé) pour ados/adultes et pour la jeunesse.

J'écris depuis le millénaire dernier. Premières publications en revues en 1974 (Fiction, Europe). Que le temps passe ! Premier roman publié en 1977, un roman fantastique chez Bordessoules, "Les limbes de la mer" (bon, on oublie ?)

Je présente en priorité le tout dernier tout chaud, un polar dézingué titré "Le mystère des souliers rouges".

Mon éditeur est de Saintes, c'est Koikalit, petite boîte associative réunissant une douzaine d'auteurs vivants et quelques morts classiques du Sud-Ouest (Pierre Véry, Maurice Renard...). Un mode d'édition discret, pas trop lourd et satisfaisant ; tirages numériques plutôt classe, limités, évitant les retours du genre stocks sales ; bien sûr, inutile de rêver au Goncourt...

Je lis beaucoup et passionnément.

Un auteur de référence ? Plusieurs, en réalité. Jean Ray, Bradbury, et pour la France Léo Malet et Pierre Véry. Et j'allais oublier Vian et Queneau ! Arg !

Être écrivain, c'est transmettre, partager, ce qui est particulièrement vrai pour les littératures de l'imaginaire. Observateur du monde ? Oui, hélas. Critique avant tout, surtout quand on voit l'état du mensonge aujourd'hui.

Mes personnages (les récurrents) sont marqués à gauche. Et tailler quelques croupières n'empêche pas l'humour...

Participation à environ une dizaine de salons par an, plus des signatures en veux-tu en voilà en librairie et dans toutes les bonnes quincailleries.

Lieux de vente : outre les salons et les librairies (non, pas les foires à la saucisse), les ventes par souscription et par internet.

Dans un salon du livre, l'important est l'échange, le contact.

Etat d'esprit actuel : optimiste malgré tout, y compris les rhumatismes. Le livre n'est pas mort !

Ah ? Il y a des habitants à Montcuq ?

Sacré Nostradamus... S'il s'est planté, on maintient le salon. Et si non, on va vérifier sur place et organiser le premier salon de Montcuq-sur-Seine-et-sur-ruines, et on vendra tous nos livres aux touristes japonais, aux curieux étrangers et aux survivants, en souvenir.

J'avais bien une question oubliée, mais je crois l'avoir oubliée.

André

Maron

- Catalogue ? 3. Autobiographiques.
- Depuis quand écrivez-vous ? Depuis l'année 2011.
- Depuis quand publiez-vous ? 2012.

- Quel livre présenterez-vous en priorité ?
"Les sentiers de la mémoire".

- Éditeur traditionnel ou votre propre éditeur ?
Éditeur traditionnel COPYMEDIA.

- Lisez-vous... ?... Beaucoup !
Dans ma très longue vie des centaines de livres.

- Auteur "de référence" ?
En premier St Exupéry pour sa diversité.

- Que signifie pour vous "être écrivain" ? Transmettre aux autres ce qui vous semble bon ou mauvais.

- Observateur du monde ?
Depuis ma naissance j'ai connu 13 Présidents de la République, le monde change et je l'explique par mes 3 livres.

- Combien de salons du livre chaque année ? 6.

- Votre principal lieu de vente ?
Non, dédicaces dans les Espaces culturels de Leclerc.

- Que recherchez-vous dans un salon du livre ?
Les rencontres avec d'autres auteurs.

Philippe

De Riemaecker

Son passage en 2016...

Philippe, y'a sa photo, envoyée avec l'autorisation de la reproduire comme ses collègues et je me suis permis de l'ajouter accompagné d'un de nos tournesols. C'était l'année dernière. Je ne vais pas tout vous raconter au sujet des aléas de cette première mais nous en étions arrivés à prendre le repas ensemble le samedi soir et le dimanche son implication fut un bol d'oxygène... Merci à toi... et quand il fallut créer une "nouvelle association", Philippe fut des nôtres... Il s'est ainsi élégamment privé de la possibilité de participer au prix du salon du livre du net... Sa vidéo 2016 dans les tournesols reste visible sur www.salondulivre.tv

- Trente mots :
Chroniqueur littéraire, anime l'émission "*les fruits de ma passion*" sur Radio Passion 106.5 fm et participe régulièrement aux émissions de RCF Bruxelles et RCF Namur.
Une chronique dans le journal Chouette magazine. Animateur sur « Passion TV » et correspondant pour "Actu-TV".

- Votre catalogue ?
Deux romans, deux pièces de théâtre, une nouvelle un livre de poésie et différentes traductions.

- Depuis quand écrivez-vous ? Depuis la première année primaire, je crois que c'était des "O".

- Depuis quand publiez-vous ?
Que je publie ou que je suis publié...? Sauf erreur de ma part depuis les années 70.

- Quel livre présenterez-vous en priorité ?
"*Tant de silences*" réédité chez Encre-Rouge.

- Éditeur "traditionnel" ou votre propre éditeur ?...
Les deux... Les raisons dépendent énormément de ce que l'on entend par éditeur. Comme dans toute profession il y a les maisons sérieuses et les autres. Moralité, lire attentivement les contrats, demander ce qu'il fait au niveau promotionnel et ne pas hésiter à demander conseil.

- Lisez-vous... ?...
Énormément, une véritable boulimie. Même les menus des restaurants et les étiquettes de vin.

- Auteur "de référence" ? Victor Hugo.

- Que signifie pour vous "être écrivain" ?
Prendre sa plume ou son clavier et écrire au minimum une page par jour (même s'il faut la jeter).

- Observateur du monde... ?...
Je ne crois être pas le mieux placé pour répondre à cette question. Observateur ? Ne pas l'être signifierait, probablement, la fin de nos respirations. Nous sommes intégralement liés au monde, ce qui ne signifie pas que ce monde se limite à « notre » monde, notre océan, notre localité.

- Combien de salons ? Est-ce important..? Je n'en sais rien, cela dépend des années.

- Votre principal lieu de vente ? Les dédicaces.

- Que recherchez-vous dans un salon du livre ?
Des rencontres et des talents pour mes chroniques.

- État d'esprit actuel ? Positif et solitaire.

- Montcuq en Quercy Blanc... habitantes et habitants ?
Les Blancs culicidés (Le mâle se nourrit de la sève des plantes, la femelle du sang de l'homme et des animaux domestiques).

- Nostradamus du 13 août 2017 ?...
Sacré Nostradamus, je laisse la responsabilité de ce choix aux organisateurs... Paris brule-t-il ?

- Question libre :
Qu'est-ce qu'on mange ?
[Je vais répondre... Claude est responsable du repas, vous n'en aurez donc pas le menu dans ce livre même s'il m'a livré quelques confidences...]

Stéphane Terdream

Et s'il n'en reste qu'un... je serai le dernier de l'année...
Oui, il m'arrive de marcher sous la pluie...

- En trente mots, au maximum, retenez l'attention...
Stéphane Ternoise a-t-il vraiment existé, ou n'était-ce qu'un songe, une utopie ? Peut-on vivre un autre rêve ? Peut-on orienter ses rêves ?

- Catalogue ?
Disons six romans, vingt-cinq pièces de théâtre, des essais, des documents, et des textes pour la chanson. Avec le plaisir de quelques CDs. Plus des sketchs et désormais de la "presque vidéo". C'est trop, je le sais ! Mais voilà ce qui arrive quand on se consacre à la littérature sans se soucier du reste, même de vendre les livres !

- Depuis quand écrivez-vous ? L'adolescence.

- Depuis quand publiez-vous ? 1991. j'avais 23 ans.

- Quel livre présenterez-vous en priorité ?
Celui-ci et... forcément les autres !

- Éditeur traditionnel ou indépendant ?
Stéphane Ternoise fut "forcément" et 100% indépendant. Mais "je est un autre"... Peut-on être indépendant dans cette époque ? Répondre "oui car je l'ai été 25 années" serait "évident". Pourtant, le principe de réalité est là. L'indépendance, c'était bien dans "la lutte" mais je n'ai plus le temps ni l'envie de lutter...

- Lisez-vous... ? Depuis 1993, je note mes lectures. La moyenne annuelle se situe à 57 livres. Avec des pics et 19 mois vides... J'aime surtout relire quelques trésors... Un livre doit donner l'envie de le relire... Combien de livres avez-vous relu, j'aurais pu demander...
- Un auteur "de référence" ? Tout lu ?
J'ai appliqué les conseils de Sénèque, dans sa lettre 2 à Lucilius : avoir un auteur de référence. Et il l'est même devenu. Si vous le croisez, confiez-lui ce secret... Malheureusement, l'ensemble de son œuvre ne nous est pas parvenue...
Quelques auteurs contemporains m'ont convaincu de (presque) dévorer l'ensemble de leur œuvre : Paul Auster, Michel Houellebecq, Lucía Etxebarria, Milan Kundera, Philippe Djian.

- Que signifie pour vous "être écrivain" ?
J'ai éprouvé une "forme de soulagement", avec les "souvenirs" de Paul Auster, *Le Diable par la queue*. Je ne suis pas seul ! M'étais-je exclamé ! Ce fut une période magnifique : la femme de l'harmonie me donnait l'impression, m'affirmait, comprendre ma démarche. Peu importait finances et baves de notables, l'important, pour elle, était que je "me réalise", j'avance dans la littérature... Ce n'était qu'une illusion, quelques semaines plus tard elle vilipendait ma médiocrité, étayée par une « *absence de reconnaissance.* » Naze ! Sans imagination (je n'ai pas répondu en reprenant ma conception de l'écrivain... tant d'autres boueux fossés s'étaient creusés). Bref, il me restait « *Depuis toujours, ma seule ambition était d'écrire. Je savais cela depuis l'âge de seize ou dix-sept ans, et je ne m'étais jamais bercé de l'illusion que je pourrais en vivre. On ne devient pas écrivain à la suite d'une « décision de carrière », comme on devient médecin ou policier. On choisit moins qu'on n'est choisi, et dès lors qu'on reconnaît n'être bon à rien d'autre, il faut se sentir prêt à parcourir une route longue et pénible pendant le restant de ses jours (...) et*

si l'on désire avoir un toit sur sa tête et ne pas mourir de faim, on doit se résigner à accomplir d'autres taches afin de payer les factures. Tout cela je le comprenais, j'y étais prêt, je ne m'en plaignais pas. A cet égard, j'avais une chance énorme. Je ne désirais rien de particulier dans l'ordre des biens matériels, et la perspective de la pauvreté ne me faisait pas peur. »
Je la sentais depuis l'âge de onze ans cette envie de devenir écrivain mais n'en ai jamais parlé... avant d'avoir publié. Il caricature certes ?!... ce serait étonnant qu'il se soit cru bon à rien d'autre... À 20 ans j'avais travaillé dans un bureau, bon avec les critères de l'époque, en informatique, au point d'être cadre cinq ans plus tard, au moment de réussir à signer un "accord transactionnel" pour partir, me consacrer à cette utopie littéraire... en me jurant de ne jamais retourner dans un bureau...
J'ai choisi "une autre route", me retrouvant également dans son « *Tous les autres jeunes poètes et écrivains de ma classe prenaient des décisions raisonnables à propos de leur avenir. Nous n'étions pas de ces gosses de riches qui peuvent compter sur des largesses de leurs parents, et une fois sortis de l'université, nous serions seuls pour de bon. Nous étions tous confrontés à la même situation, nous savions tous ce qui nous attendait, et pourtant ils ont agi dans un sens et moi dans un autre. C'est cela que je me sens toujours incapable d'expliquer. Pourquoi mes amis se sont-ils montrés si prudents, pourquoi moi si téméraire ?* »
Chaque expérience est unique pourtant des rapprochements permettent souvent de rebondir. Ainsi, il avait 27 ans quand, un genou à terre, il tenait « *Contre toute évidence, je n'avais apparemment pas encore abandonné l'espoir vain et stupide de survivre à ma façon.* » À 27 ans j'arrivais dans le Lot, là où le passage prévu d'une ligne à Très Haute Tension (non signalée par le notaire) rendait les prix abordables... Oui « *pour le meilleur ou pour le pire, c'était ainsi que j'avais choisi de vivre.* » Alors la cinquantaine approchant, la question de

l'écrivain me taraude plutôt versant « ai-je encore des choses à écrire ? » Avec son corolaire de la capacité à me lancer dans un vaste projet, en doutant du temps suffisant pour l'achever. Et peut-être, de son utilité. À quoi bon, finalement... S'il ne peut en être autrement... L'injonction beethovénienne *Muss es sein ? es muss sein !* (« Le faut-il ? Il le faut ! »).
Donc, je ne balance pas cette question par hasard, vos réponses m'intéressent...
J'ai souvent écouté Thiéfaine versant « *la dèche, le twist et le reste* » en me demandant si un jour ce serait ma vie. Mais la vie me réservait d'autres surprises.
Allez, encore quelques mots... vous savez, ce livre doit contenir au moins cent pages (pour pouvoir imprimer les références au dos... et je doute de recevoir de nombreuses contributions des élus...)... Donc « *entre nous soit dit* », de Philippe Djian, je ne peux pas résister à reprendre : « *un écrivain, dans mes idées, ça vit caché, ça bougonne, c'est à peine fréquentable.* » Quelques lignes plus loin « *un écrivain, dans mes idées, ça s'appelle Hemingway, Faulkner, Céline, et ça possède une grande gueule, un caractère, c'est souvent mal élevé, c'est irritable, c'est irritant. Un écrivain dans mon esprit, c'est un marginal, c'est bizarre, c'est à gauche.* » À gauche de quoi ? Il espérait décrocher une date pour Stephan... Eicher à la fête du PS ?... C'est de 1996... (en 2016, *Blondin et la bande des terriens*, malgré la sortie de l'album *Heureux ou riche*, n'a trouvé aucune date dans le département). Bref, et si tout simplement Djian se (nous) définissait par « *je ne suis pas un écrivain taillé sur mesure. Je ne me situe pas par rapport aux autres. Je ne suis ni meilleur ni pire, je suis différent.* »
Et finalement, nous arriverons à « *je ne suis pas venu tout seul à la littérature, d'autres écrivains m'ont aidé. Je suis assez sensible à cette idée de "passer le flambeau", de tendre la main à ceux qui suivent. J'essaie de participer à cet exercice en transformant l'énergie, le courage, le désir qu'on m'a donnés et qui se sont révélés*

les plus précieux cadeaux qu'on m'ait jamais offerts (...) Et ces écrivains-là ne m'ont pas seulement appris à écrire, ils m'ont appris à vivre. » Et bien d'autres remarques sur le sujet... dans « *Comment devenir écrivain ? Être écrivain !* »... un livre du disparu lotois...

- Vous sentez-vous observateur du monde, de notre époque ? Vos livres apportent une "compréhension du monde" ou autre chose... ?

Voilà, c'est ça. J'ai posé cette question car elle me correspond dans l'élan. Ensuite, Michel Houellebecq, c'est indéniable, a mieux réussi ce programme ! Ai-je complètement abandonné ce défi ? Ma candidature présidentielle participait de cette compréhension de l'époque. Si elle était analysée, en contrepoint de celles des médiatisés, elle toucherait du doigt la disparition de l'idée Républicaine... Ce n'est pas forcément un drame, mais c'est un constat...

- Combien de salons du livre ?

Peu. Mais je n'en suis pas responsable ! Par exemple, je n'ai pas participé à celui de Figeac où en 2016 j'avais pourtant aimablement appelé "M. le Ministre" notre ancien Président de région. Mais je n'ai pas été retenu... Et je limite les kilomètres, forcément... en profession libérale très précaire...

- Est-ce votre principal lieu de vente ?

Internet génère la quasi totalité de mes ventes. En numérique via le edistributeur *immateriel* (Fnac, Amazon, Itunes, Kobo, Google, Carrefour, Leclerc...) ou en vente directe... et même en papier sur Amazon et en vente directe. Vive Amazon ! Le seul vrai libraire en France ! (y sont disponibles plus que les livres d'un milieu)

- Que recherchez-vous dans un salon du livre ?

Ailleurs, des ventes, ici... de terminer la journée debout. Ensuite, il faudra répondre à la question « était-ce la dernière » ?

C'est compliqué un salon, à créer, mais encore plus à installer... Souillac semblait avoir réussi sa première le 24 avril 2016 avec Pierre Bellemare en locomotive... et plouf, rien en 2017...
Cahors, n'avait pas duré...
Certains s'imaginent peut-être facilement reprendre le concept si "Ternoise l'impertinent" abandonnait... mais ils déchanteraient "peut-être"... d'ailleurs ils ne se sont pas lancés avant...

Il n'avait pas duré...

2006, 2007, 2008

- État d'esprit actuel ? Lucide ?... J'ai réécouté « *la dèche, le twist et le reste* »... Et relis Sénèque. Stoïcien ? Stoïque ? Désillusionné ? Déterminé ? Délabré ? (mais non, il ne s'agit pas d'une référence à Debré Jean-Louis ! Décidément on m'imagine souvent dans le sous-entendu !) Délivré ? Oui, finalement, simplement « *je voudrais déjeuner en paix !* »... Dérisoires. Désirs. Ou sans point. J'entends déjà « *Tu veux en venir où ?* » J'ai essayé de décrire l'état d'esprit... (j'ai souri en lisant « *enchantez votre vie* »... oui, vous avez compris mon état d'esprit, chère confidente...)

- Notre nom d'habitants de Montcuq en Quercy Blanc ? Les... en Q.B ! Reprenez, avec l'accent... Il existe une vidéo, où début janvier 2017, aux vœux municipaux, je questionnais nos élus.

- Nostradamus du 13 août 2017 ?... Il s'agira bientôt de ma vidéo la plus vue, elle va... seulement oui... peu par rapport aux « locomotives youtube »... mais les écrivains lancés dans l'aventure vidéo seront peut-être moins cyniques qu'une fana (fada ?) d'Hanouna... elle va donc dépasser 2000 vues...

- Question libre :
Pourquoi y-a-t-il un salon du livre plutôt que rien ?

L'écrivain, la préfète, le maire, le Conseiller départemental.

Avec Jean-Louis Le Breton... Et Claude assis...

Le « miracle » de Montcuq avec le maire, l'écrivain et la préfète...

Quand Jean-Claude Bonnemère, l'âme,
le rédacteur en chef de la Vie Quercynoise
rencontre Philippe De Riemaecker.

C'était le dimanche 14 août 2016.
Dans la fraîcheur de l'Espace Animations
de Montcuq en Quercy Blanc.
Tandis que la canicule assiégeait les véhicules.

Merci pour tout. Également les photos !

Un titre et un article de M. Jean-Claude Bonnemère. Le compte-rendu de ce dimanche en France.

« Qui l'eût cru ! C'est celui qui n'avait pas son pareil, pour éreinter la classe politique locale et les services de l'état, avec des propos parfois au vitriol, qui aujourd'hui, avec le soutien du maire de Montcuq et la bienveillance de Mme la préfète du Lot, a pu organiser le premier Salon du livre de Montcuq-en-Quercy-Blanc. Comment ne pas s'intéresser à une telle histoire !

Stéphane Ternoise ! À lui seul, son nom faisait de lui un banni de la société. Pour autant, derrière ce « fou furieux », comme le désignaient certains, s'est révélé un autre homme, qui allait surprendre. Stéphane Ternoise a fait du Quercy Blanc sa terre d'élection et cet attachement au pays, qu'il professe depuis plus de 20 ans, ne peut laisser indifférent : un autre homme, en somme !

Ainsi, Mme Catherine Ferrier, préfète du Lot, a bien voulu entendre Stéphane Ternoise, dans ses arguments de défense et de promotion du pays, au moment où se créent des communes nouvelles. Même ouverture d'esprit manifestée par Alain Lalabarde, maire de Montcuq-en-Quercy-blanc. Alors que dans le même temps, des proches de Stéphane Ternoise prenaient la poudre d'escampette face à de tels rapprochements, probablement considérés comme une trahison. Néanmoins, l'homme au chapeau construit son projet de Salon du livre et parvient à réunir un ensemble de 42 écrivains, venus de la région et même de Belgique.

(…)

Au cours de son intervention, Stéphane Ternoise a d'abord remercié Alain Lalabarde pour sa confiance. Il déclare : « Pour ce salon du livre nous avons regardé dans la même direction, au-delà de nos points de divergences ».

Stéphane Ternoise se plaît ensuite à reprendre une citation de Mme la préfète, qui lui écrivait ses encouragements dans l'action entreprise : « Il n'est pas besoin d'être en accord sur tout, pour conduire de belles actions collectives ».
(…) »

Vive

la

République

Et tant pis pour les absents le cerveau embué dans les rancunes rancœurs egos mesquins et autres curiosités...

13 août 2017... avec Nostradamus

La première vidéo d'annonce du salon du livre... fut un "effet de la coïncidence"... J'y raconte :

Avec M. Le maire de Montcuq, Montcuq-en-Quercy-Blanc, nous avons retenu, en toute logique, le dimanche 13 août 2017 pour la deuxième édition du salon du livre. Soit le dimanche avant le 15 août, un bon repère pour cette tentative d'instaurer une tradition littéraire au pays des traditions... culinaires...

Désolé, *clientélistes* entraînait la perte d'une rime, notre salon n'étant pas *communiste*... mais représentatif des diversités... généraliste, quoi.

Donc, naturellement, en rentrant... Oui, je m'étais rendu place des Consuls, à Montcuq centre, dans le bureau du maire...

J'ai saisi "13 août 2017", au cas où Saint Cirq Lapopie aurait eu l'idée de lancer un salon du livre... Non je plaisante... les œuvres de coloriage sont peu répandues...

En réponse à ma requête "13 août 2017", google m'a affiché "destruction de Paris". Ah ouais, ça plaisante plus, on en est là.

Nostradamus l'aurait annoncé. Selon des exégètes. Et non Paco Rabanne !
Comment ? me demanderez-vous immédiatement.
"La grosse chaleur de l'Atome"... oui, c'est la voix de Charles Pasqua, elle m'a semblée la plus appropriée pour Nostradamus. Donc un missile, sur Paris à 3 heures 53. Oui, durant vos rêves. À part peut-être Michel Houellebecq. Vla !

Donc voilà, comme nous sommes placés dans l'obligation d'attirer plus de lectrices et lecteurs qu'en 2016, nous en appelons aux parisiennes et aux parisiens, mais également aux touristes. À l'ensemble des lotoises et

lotois, montés à Paris, en 2016, justement le jour de notre 1er salon, comme le Président de notre communauté de Communes, parti en bus avec l'ensemble des vice-présidents.
Venez chez nous le 13 août 2017, à Montcuq y'aura des bouquins. Peut-être même sur Nostradamus !

M. Le maire de Montcuq-en-Quercy-Blanc

dans son (ancien) bureau

Désolé de ne pas avoir pu...
photographier Nostradamus

Mais non...

Nous n'étions pas devant Nostradamus

L'absente d'honneur

Édith. Vous savez ? Vous l'avez rencontrée en 2016 ? Voilà, si vous n'êtes pas venue, séance de rattrapage... L'écouter, c'est sur www.salondulivre.tv

Loterie d'Édith
Salon 2016

Avec
Mme Catherine Ferrier
M. Marc Gastal

- L'année dernière, vous étiez venue de loin pour la première. Vous étiez impliquée... quels souvenirs ?
D'excellents souvenirs aussi intacts un an après !
Nous avons ma fille et moi, parmi les organisateurs et toute l'équipe de bénévoles, rencontré des gens formidables, passionnés, chaleureux, et bien courageux car la création d'un salon du livre est une folle aventure, semée d'embuches et de contraintes, qui demande beaucoup de conviction et d'obstination ! Nous avons également rencontré des exposants enthousiastes, de bonne humeur et eu des échanges très enrichissants avec les visiteurs. Et puis nous avons rencontré les eternels râleurs, critiqueurs, et ronchonneurs, ceux-là sont interchangeables de salons en salons !

- Que dire aux auteurs qui ne s'impliquent pas dans la promotion des salons auxquels ils participent ?
Que c'est bien dommage pour l'évènement et pour eux-mêmes. Les auteurs (et les éditeurs) sont les principaux acteurs d'un salon du livre et dès lors qu'ils y participent, ils doivent, à mon sens, communiquer, partager, resauter, et faire preuve d'initiative.

- Nombreux kms... vous ne serez pas avec nous... Vous avez même stoppé l'édition de votre "Dico"... Pourquoi ?
Non, non, la structure *Tache d'Encre Editions* existe

toujours et continue de commercialiser *le Dico des gros mots cachés dans les mots* via notre site www.tachedencre-editions.com et la FNAC.

Je suis un auteur auto-édité (ma fille est mon éditrice pour des raisons juridiques, car "le Dico" a été interdit de commercialisation en 2011). Pour des raisons de coûts (investissements/amortissements, recettes/dépenses), nous participons à des salons du livre dans notre région et parfois à Paris. L'année dernière fut une exception, je n'ai pu résister, c'était trop tentant, l'appel de Montcuq !

- Donc Edith, dans les salons du livre, c'est fini ?
Ben non... Nous participons au Salon du livre de Loudun les 23 et 24 juillet.

- Votre fille, Manon, était à la tête de la structure d'édition, elle n'a pas attrapé le virus de l'édition ?
Elle y est toujours mais ce n'est pas son activité première. Elle est étudiante en anthropologie... funéraire et vient d'obtenir une mention Très bien à son Mémoire sur la gestion des émotions du personnel en crématorium. Elle vise un doctorat.

- Vous avez cessé d'écrire ?
Je m'y remettrais dès que j'aurai écoulé les 1000 exemplaires qui nous restent encore sur les bras !
Faut avoir l'esprit libre pour écrire... J'ai un gros bouquin qui m'attend, j'en ai pour 5 ans de travail au moins...

- Montcuq, seul salon pour lequel un livre est édité, avec des interviews... Que signifie pour vous "être écrivain" ?
Je souhaite une longue vie au salon du livre de Montcuq, avec de nombreux volumes dédiés aux auteurs. C'est un bel hommage que vous nous rendez là !
Ecrivain / Ecrits vains ? Tout l'enjeu est là. C'est un sacerdoce, une obsession, une vocation, un sacrifice, un travail d'une grande exigence et beaucoup de silencieuse solitude. Les salons et les séances de dédicaces ont les seuls moments où l'auteur rencontre son lecteur (et inversement)... Et ça, c'est tout simplement magique !

Questionnaire des élus & personnalités...

Aurélien Pradié,

Député de notre circonscription

Plus jeune député de l'Histoire du Lot

- Faire venir 40 écrivains chaque année dans une commune de moins de 2000 habitants, certes à une période touristique, est-ce un challenge réaliste ?
Les défis les plus ambitieux sont toujours les meilleurs. Je salue votre initiative. Tout ce qui permet de faire vivre et respirer la vie culturelle et intellectuelle de nos territoires relève d'une riche et belle ambition. Bravo et merci de mobiliser vos forces et votre énergie pour le permettre.

- Lisez-vous un peu beaucoup passionnément... ?...
Je lis. A la hauteur de mes besoins. Besoins qui, avec le temps, sont de plus en plus intenses et réguliers. Je lis quand j'ai besoin de m'échapper. Quand j'ai besoin de me reposer. Quand j'ai besoin de prendre de la distance sur le quotidien. Quand je veux me distraire et m'aérer l'esprit. Quand j'ai besoin de me renforcer. Bref, les occasions et les "justifications" sont nombreuses. Elles ne rendent la lecture que plus fréquente.

- Avez-vous un auteur "de référence" ? Dont vous avez lu, lisez, l'ensemble de l'œuvre ?
J'ai beaucoup lu Hannah Arendt et Claude Lévi-Strauss. Chacun permet de mieux connaître l'Homme, dans toute sa complexité. J'ai une profonde admiration pour Jean

d'Ormesson, que j'ai beaucoup lu aussi. Un jour, je lui ai écrit une simple lettre. Je voulais lui dire l'intensité que j'avais ressentie à la lecture d'une page d'un de ses livres. Il m'a appelé. Nous nous sommes rencontrés. Cela restera un moment émouvant de ma jeune vie...

- Lecteur, vous rendez-vous dans d'autres salons du livre ? Je n'ai pas eu d'occasions nombreuses de visiter des salons du livre. Sauf en vacances, où le temps n'est plus tout à fait le même...

- Lecteur, vous situez-vous en recherche de fiction, d'imaginaire ou de témoignage, compte-rendu du réel ?
Je suis toujours plus exigeant avec la fiction. A mes yeux, elle pardonne difficilement l'erreur. C'est certainement la raison pour laquelle j'en suis moins amateur que les témoignages ou les regards littéraires portés sur le réel. Ce qui n'empêche d'ailleurs pas une place importante laissée à l'imaginaire et la fiction.

- Fautes qui vous inspirent le plus d'indulgence ?
Je suis indulgent avec celle est ceux qui tentent une aventure un peu folle mais qui ne réussissent pas. Ils sont courageux. En revanche, je n'ai que peu d'indulgence pour la lâcheté des Hommes et des idées.

- J'ai posé la question aux 40 écrivains... votre regard "extérieur" me semble intéressant : que signifie pour vous "être écrivain" ?
Être écrivain, c'est être en manque de quelque chose et en recherche d'autre chose. C'est être artiste et travailleur. L'écriture n'est pas un exercice comme un autre. Il implique une rigueur, une discipline, un travail lourd. J'ai un grand respect pour celles et ceux qui passent à l'acte de l'écriture. Au fond, je pense que j'admire tous les écrivains. Même les moins bons.

- M. Renaud Donnedieu de Vabres, ministre de la culture se posait, voici quelques années, en garant : « *Il faut reconnaître que dans la France actuelle, les artistes ont une liberté d'expression un peu supérieure à celle du citoyen moyen.* » Pensez-vous que la "liberté d'expression" des artistes soit vraiment acceptée par les élus ?

Les élus peuvent accepter de nombreuses libertés d'expression. Y compris celle des écrivains. En revanche, je pense que les citoyens et le système médiatique acceptent si peu la liberté d'expression. Notre époque est bien trop souvent stérile. Elle manque de souffle intellectuel parce que la pensée unique ou majoritaire a une tendance terrible à écraser les autres.

- Coïncidence de dates... Nostradamus...
Nostradamus ? Je fréquent trop peu ces "idées" pour qu'elles puissent m'inquiéter un jour.

- Et "la question oubliée", celle à laquelle vous auriez aimé répondre... Question et réponse !
Comment allez-vous ? Je vais bien. J'irai encore mieux après avoir parcouru votre salon !

Alain Lalabarde

Maire

Montcuq-en-Quercy-Blanc

- En trente mots, au maximum, pouvez-vous nous présenter votre parcours ? Autodidacte.

- Faire venir 40 écrivains chaque année dans une commune de moins de 2000 habitants, certes à une période touristique, est-ce un challenge réaliste ?
Non seulement un challenge mais culturellement réaliste.

- Lisez-vous un peu beaucoup passionnément... ? Je lis.

- Avez-vous un auteur "de référence" ? Dont vous avez lu, lisez, l'ensemble de l'œuvre ?

Non, je lis Jean-Louis Debré, Raphaëlle Giordano, Daniel Crozes, Florence Roche, Hervé Commère, Alexandra Echkenazi, Chistophe Fauré.

- Lecteur, vous rendez-vous dans d'autres salons du livre ? Brive.

- Lecteur, vous situez-vous en recherche de fiction, d'imaginaire ou de témoignage, compte-rendu du réel ?
Je suis un homme de la terre donc ancré au sol...!!!
J'aime bien l'histoire Contemporaine.

- Fautes qui vous inspirent le plus d'indulgence ?
L'ignorance.

- J'ai posé la question aux 40 écrivains... votre regard "extérieur" me semble intéressant : que signifie pour vous "être écrivain" ? Le Passé, le présent, l'avenir.
- Comme tout organisateur, sûrement, l'implication de l'ensemble des élus me semble importante. Pensez-vous que nous pourrons réaliser une photo avec le conseil municipal au grand complet et les écrivains le 13 août ?
Pure utopie.

- Vous donnant la parole, vous êtes donc le mieux placé pour nous résumer les apports de la commune à l'organisation de cette journée.
Appuis technique, financier, et toute ma considération comme aux autres associations.

- Coïncidence de dates... Selon des exégètes de Nostradamus, Paris devrait être détruite le 13 août 2017... Si c'est le cas, devrons-nous néanmoins maintenir ce salon ? Et si Paris reste debout... que devrions-nous faire ?...
Nostradamus parle de Paris, et si c'était Montcuq, que ferait Paris.
- Et "la question oubliée", celle à laquelle vous auriez aimé répondre... Question et réponse !
    - Définition du mot Républicain ?
    - Et si c'était Tout et son Contraire.

Patrice Caumon

(pas le chanteur... voir sa vidéo sur le sujet)

Adjoint aux finances et autres curiosités. Initiateur de la commune nouvelle, donc peu ménagé par l'auteur, en ce temps-là. Il a accepté nos désaccords. Ce fut réciproque. Nous avons maintenu des relations cordiales où nous pouvons parfois être choqués par les mêmes bassesses.

- Faire venir 40 écrivains chaque année dans une commune de moins de 2000 habitants, certes à une période touristique, est-ce un challenge réaliste ?
C'est un challenge, une chance pour la commune, pour l'initiateur c'est le succès dans la durée qui décidera de l'apport individuel et collectif. Pour le moment ce n'est qu'une bonne idée.

- Lisez-vous un peu beaucoup passionnément... ?...
Je lis beaucoup.

- Avez-vous un auteur "de référence" ? Dont vous avez lu, lisez, l'ensemble de l'œuvre ? J'ai plusieurs références : Brassens pour la poésie, Henri Gougaud pour l'imaginaire, Michel Serres pour la philosophie.

- Lecteur, vous rendez-vous dans d'autres salons du livre ? Non je suis agoraphobe.

- Lecteur, vous situez-vous en recherche de fiction, d'imaginaire ou de témoignage, compte-rendu du réel ?
D'imaginaire.

- Fautes qui vous inspirent le plus d'indulgence ?
nsp [signifie sûrement « ne se prononce pas » ! Editeur]

- J'ai posé la question aux 40 écrivains... votre regard

"extérieur" me semble intéressant : que signifie pour vous "être écrivain" ?
Être capable d'intéresser un lecteur.

- Comme tout organisateur, sûrement, l'implication de l'ensemble des élus me semble importante. Pensez-vous que nous pourrons réaliser une photo avec le conseil municipal au grand complet et les écrivains le 13 août ?
Je l'espère.

- Coïncidence de dates... Selon des exégètes de Nostradamus, Paris devrait être détruite le 13 août 2017... Si c'est le cas, devrons-nous néanmoins maintenir ce salon ? Et si Paris reste debout... que devrions-nous faire ?...
Quoiqu'il arrive nous devons rester debout.

- Et "la question oubliée"...
   - Quel est le livre que vous aimeriez écrire ?
   - Le conte d'une vie la mienne telle que je rêverai de la revivre.

Les autres ?

Ont reçu une demande de participation à ce livre : Mme Catherine Ferrier, préfète du Lot, M. Serge Rigal, Président du Département, Mme Huguette Tiegna, néo députée de l'autre circonscription lotoise, M. Jean-Claude Requier, sénateur du Lot, Mme Catherine Prunet, vice-présidente du département chargée de la Culture, M. Marc Gastal, élu cantonal et 7e vice-président, M. Jean-Claude Bessou, Président de la Communauté de communes du Quercy Blanc, Mme Maryse Maury élue cantonale et sa suppléante également adjointe municipale à la Culture, Mme Sabel Marie-José.

Mme la Préfète du Lot m'a récemment confirmé... être en vacance à cette période (les vacances des préfets sont décidés au niveau régional et non en fonction des salons du livre !). **Elle sera représentée par le « n°2 »**, sous préfet de l'arrondissement et secrétaire général de

la préfecture, M. Marc Makhlouf, récemment arrivé (décret 5 mai 2017).
Sa position par rapport au "questionnaire" me semble claire et cohérente avec disons un "devoir de réserve de représentante de l'état" (rappel : les préfets ne sont pas des élus...) : « *je ne répondrai pas à vos questions car je refuse à tout le monde de parler de moi au plan personnel.* »
Oui, il m'arrive de publier des échanges. Peut-être la raison d'un silence total au niveau du département ! (les réponses publiées dans le livre 2016 montrent certes de l'institution une image déplorable mais rien ne fut inventé... on en est là...)
C'est mon rôle d'essayer de transcrire la réalité. Par exemple, plutôt qu'extraire une phrase, j'aurais pu résumer mais citer les mots exacts me semble source de moins d'erreur !
L'état sera à nos côtés pour pérenniser ce salon...
La position du président du département et de celui de la communauté de communes est-elle à la hauteur des enjeux de l'époque ?...
À ce sujet : « *Cela signifie aussi de garantir un accès à la culture et au sport pour tous, notamment pour nos jeunes et de soutenir nos nombreux partenaires aux initiatives audacieuses dans ces domaines.* »
Selon Serge Rigal, édito contact Lotois n°102, juillet 2017. Quant aux actes... Je vous ai tendu la main...

Elle existe vraiment

cette impasse...

Donc en attente, je vous offre ma réécriture... La police de caractères fut réduite et la troisième lettre tronquée...

Lettres à Lucilius - Présentation 2017

Lettre 1 - *De l'utilisation du temps.*

Oui, mon cher Lucien, réapproprie-toi ta vie.

Le temps, tu te le laisses ravir par les affaires publiques, dérober par des futilités ou s'évaporer en distractions, reprends-le et ménage-le.

Sois-en convaincu : des heures nous sont subtilisées de force, d'autres par surprise, d'autres filent entre nos doigts. Mais la perte la plus risible est celle issue de notre frivolité ; et si on se laisse dériver, la plus grande partie de la vie passe à mal faire, une grande partie à ne rien faire, et la totalité à faire autre chose que ce que l'on devrait, à ne jamais vraiment être à ce que l'on fait.

Trouve-moi donc un homme capable d'apprécier le temps, d'estimer les jours et comprenant qu'il meurt un peu à chaque instant !

Notre grossière erreur, en effet, est de voir la mort uniquement devant nous : elle est déjà derrière en grande partie ; tout notre passé lui appartient.

Agis donc, mon cher Lucien, comme tu me l'écris : sois complètement maître de toutes tes heures ; saisis-toi du présent, tu dépendras moins de l'avenir. À toujours ajourner, la vie passe.

En vérité, rien ne nous appartient plus que le temps ; c'est même l'unique bien offert par la nature ; fugitif et insaisissable, le premier venu peut nous le ravir !

Oh folie des mortels : pour des bagatelles on se croit une dette, l'obligé du "bienfaiteur".

Mais le cadeau, le bienfait du temps, personne ne s'en croit redevable ; c'est pourtant le seul bien impossible à rendre.

Tu me demanderas peut-être : « Et toi, avec ces si beaux principes, comment vis-tu au quotidien ? »

Je te l'avouerai franchement : comme un riche dépensier ; mais avec ordre, notant chaque dépense.

Impossible de m'honorer de ne rien perdre mais ce que je perds, je sais pourquoi et comment. Je peux t'expliquer les causes de ma pauvreté : me voici dans le cas de la plupart des malheureux, ruinés sans avoir commis de grandes fautes ; ainsi tout le monde t'excuse, personne ne t'aide.

Mais bon ! Je n'estime point pauvre qui, si peu qu'il lui reste, s'en accommode.

Quant à toi, mieux vaudrait, dès maintenant, ménager ton bien, et mettre à profit ton précieux temps.

En effet, comme l'avaient déjà compris nos ancêtres : « Tardive est l'épargne quand vient le fond du vase. » Car au fond, non seulement il reste peu, mais la qualité est moindre.

Lettre 2 - *Voyages, lectures et richesses : le préférable*

Tes écrits confirment ce qui se dit sur toi et me rendent optimiste à ton sujet. Tu ne cours pas le monde, ne multiplies pas les déplacements sources d'agitation, cette instabilité des esprits malades ; savoir se fixer, séjourner avec soi, témoigne d'un bon équilibre.

Soit néanmoins prudent : tu consultes un grand nombre d'auteurs, des ouvrages de tout genre. Cet éparpillement pourrait relever de la légèreté et de l'inconstance : il faut choisir des écrivains majeurs et te nourrir de leur substance, si tu veux y puiser un profit durable.

Être partout, c'est n'être nulle part : les éternels voyageurs accumulent des connaissances sans se faire d'ami. Il en est de même en butinant d'auteur en auteur, au lieu de nouer une véritable relation avec un grand esprit.

La nourriture ne profite pas, ne s'assimile pas, si elle est rejetée aussitôt absorbée.

Le changement fréquent de remèdes ne mène pas à la guérison. Une plaie ne se cicatrise pas si on lui change constamment le pansement. L'arbre souvent transplanté reste sans vigueur.

Aucune chose, si utile soit-elle, ne produit d'effet d'un simple effleurement.

Lire trop de livres distrait simplement l'esprit : aussi, ne pouvant lire tous ceux que tu pourrais te procurer, mieux vaut acquérir uniquement ceux que tu pourras vraiment étudier.

« Mais, je me plais à parcourir tantôt l'un, tantôt l'autre » tu vas me répondre.

Goûter toutes sortes de mets est l'attitude d'un estomac blasé ; cette diversité le gâte au lieu de le nourrir.

Aussi, lis toujours des auteurs essentiels, et, si parfois tu en prends d'autres, par distraction ou fantaisie, reviens vite aux premiers.

Emmagasine chaque jour une défense contre la pauvreté, contre la mort et nos autres fléaux.

Chaque jour, de ta lecture, extrait une pensée, qu'elle soit le socle de tes méditations ; c'est ma méthode. Voici ma pépite d'aujourd'hui, d'Épicure ; car j'ai coutume de m'introduire dans le camp ennemi, non comme transfuge, mais comme éclaireur.
« *Belle chose que le contentement dans la pauvreté !* » Selon lui. Mais il n'y a plus pauvreté, s'il y a contentement ! S'accommoder avec la pauvreté, c'est être riche ! Ce n'est pas d'avoir peu, c'est de désirer plus, que l'on se sent pauvre.
Qu'importent les coffres remplis d'or, les greniers de moissons, les troupeaux, les rentes, les revenus, à celui qui dévore des yeux le bien d'autrui, se soucie moins de sa fortune que de ce qu'il voudrait !
Quelle est donc la juste mesure de la richesse ? Me demanderas-tu. D'abord le nécessaire, ensuite ce qui suffit.

Lettre 3 - *Ami : un mot, une réalité*

> À l'heure des "amis facebook" et de la trahison érigée en art social & sentimental : la valeur des mots.

Le porteur de tes lettres, tu me le notes être un ami mais me recommandes de ne pas lui faire de confidences à ton sujet, ayant l'habitude de t'en abstenir.
Ainsi, dans le même paragraphe, tu lui accordes et lui dénies le titre d'ami.
Je peux concevoir que tu débutais par une formule d'usage, notant "mon ami", comme on qualifie d'«honorable» tout candidat officiel, comme nous donnons du "monsieur" au premier venu dont le nom nous échappe.
Mais si tu crois ton ami, quelqu'un en qui tu n'as pas une totale confiance, tu t'abuses grandement, tu méconnais l'essence de la véritable amitié.
Aborde toutes choses avec un ami car tu l'as choisi, jugé digne d'être cet ami. L'amitié formée, la confiance est indispensable ; avant il faut du discernement.
C'est agir à contre-sens, et enfreindre le précepte de Théophraste [« *Il ne faut pas juger en aimant, mais aimer après avoir jugé* »], que de se lier avant de se connaître, pour rompre quand on se connaît.
Réfléchis longuement avant d'accueillir tel ou tel comme ami ; la décision prise, ouvre-lui ton âme et parle avec lui aussi librement qu'avec toi-même...

En 2018, une troisième édition ?

Où serai-je en 2018 ? Serai-je encore ? C'est bien l'endroit pour aborder cette question.
Il y eut la disparition de Stéphane Ternoise. La fin d'une époque. Stéphane Terdream, oui le 3e rêve. Mais on ne sort pas indemne de certaines émotions.
Puis il y a le contexte lotois. Je sais, je ne suis pas né ici et nos "vieux politicards" ont maintenu la stratégie appelée bien avant moi "le clientélisme lotois." L'autre est "accepté", quand il accepte de servir. Je n'ai jamais écrit d'ode à Martin Malvy, Daniel Maury, Gérard Miquel, Jean-Michel Baylet... 102 numéros de *Contact Lotois*" et oui, dans ce "magazine trimestriel" aux nombreux portraits, pas un mot sur mes livres... Pour le 13 août 2017, l'agenda propose :
   - vide-grenier (équidés du Quercy) Saint-Médard Rens. 05 65 35 36 68
   - Journée « Les ingénieux, récup et bricolage » Sauliac-sur-Célé - écomusée de Cuzals Rens. 05 65 31 36 43

Et c'est tout. Avec humour nous pourrions conclure qu'il s'agissait pour les rédacteurs de ne pas faire d'ombre au magnifique merveilleux essentiel vide-grenier de Saint Médard... M. Serge Rigal fut maire de cette adorable commune qui, espérons-le, ne nous apportera pas de pluie.
Durant ces deux mois d'été, si l'on en croit cet agenda, il ne se passe rien à Montcuq-en-Quercy-Blanc ! Certes notre maire n'est pas de la "majorité départementale"... Non, ce ne serait quand même pas cela !... La gauche est tolérante, en France...
Le 14 août 2016, après le discours fort de Mme la Préfète du Lot, M. Marc Gastal, représentant de M. Serge Rigal et élu de ce canton, s'était, oralement engagé à soutenir la nécessaire nouvelle association sur sa part de l'enveloppe départementale. Il avait même précisé à hauteur de 200 euros. Je n'ai eu, depuis, aucune réponse à mes lettres et mails à M. Marc Gastal. J'ai

naturellement également invité pour ce salon 2017 et envoyé "le questionnaire", à sa colistière, Mme Maryse Maury. La veuve de l'ancien maire-conseiller général-président de la communauté de communes ne semble pas m'apprécier. Nous n'avons jamais parlé.

Au début des années 2000, en même temps que la création du "salon du livre du net" et son prix littéraire, j'aurais aimé lancer un salon du livre à Montcuq. Le "grand homme" (cantonal, il rata la députation et la présidence départementale) m'avait reçu dans son bureau. Ce ne fut pas possible...

Quant à leur *Dépêche du Midi*, en 2016 elle a boycotté même la venue de madame la Préfète du Lot, ce qui pourrait être considéré comme une faute de la correspondante locale, ayant sûrement eu la nécessité de s'absenter... Je continue à lui envoyer les infos...

Les émotions privées et sociales ont "gagné". J'ai surement l'art de me mettre dans des situations invraisemblables.... À force de vivre dans un monde littéraire, j'oublie surement un peu trop souvent la dangerosité de personnes au passé non assumé ou aux objectifs masqués... Certes « je préfère *être victime d'une injustice que de la commettre* »... mais quand même pas au point de boire la cigüe... Leur monde de manipulations n'est pas le mien...

Autre chose commence. Alors, août 2018 ? C'est loin... Je vais essayer de terminer la ré-écriture des *Lettres à Lucilius*. Puis "ce" roman, la chanson... Si c'est possible, je me lancerai dans la troisième édition du salon du livre.

Il arrive un moment où les prochaines années, on n'a plus aucune illusion à se réciter comme un tantra, on sait qu'il n'y a aucun espoir, qu'elles seront forcément difficiles, plus difficiles, si elles sont. On sait être passé de l'autre côté, sur la pente descendante, un chemin cailouteux et sinueux...

À part ça, le risible serait que ce salon soit "repris" par une "vieille association montcuquoise". Des gens, je crois, officiellement, aiment les livres. Mais ceux qui les écrivent, morts ils sont sûrement préférables. Même avec épitaphe « dans cette position, il préférait... » Stéphane Terdream, peut-être l'homme d'un seul livre. Quoiqu'il arrive : je ne cautionnerai aucune "3eme édition" sans Claude, Philippe, Romane, Blondin... et moi.

Tout se brise... Ici une église de Montcuq-en-Quercy-Blanc

L'art de la danse à Montcuq :
ne pas regarder dans la même direction.

M. Le maire et Mme la conseillère départementale.

Il restait un espace blanc.

www.montcuq.tv

La TV de Montcuq existe désormais, vraiment. Est-ce bien utile dans une commune de moins de 2000 habitants ? Déjà, elle dépasse largement les "sujets locaux", avec mes chansons, sketchs, reportages lotois et autres curiosités... Et c'est Montcuq, un trou pas tout à fait comme les autres dans ce pays où le ricanement a remplacé l'humour... Oui, Montcuq se soucie peu de la culture... C'est un fait... Bref... Il s'agit d'une porte d'entrée... Ma chaîne youtube est déclinée ailleurs, salondulivre.tv, sketchs.tv ou chansons.tv par exemple...

Montcuq.tv peut pourtant également être un outil local... Par exemple, j'aime bien la vidéo réalisée avec Jms Robinwood... Au sujet du néo festival médiéval des 29 et 30 juillet...

La vidéo... j'y suis arrivé récemment... Quand la fracture numérique s'est légèrement réduite en me reliant à l'ADSL... oui d'autres ont la fibre... mais au moins, envoyer des gros fichiers devient possible...
Créer une "chaîne youtube" en 2016, c'était "trop tard"... mes sites en .tv sont réservés depuis 2007 et les "pionniers" balancent depuis cette époque... plusieurs millions d'abonnés à ces chaînes... et moi, de ce trou... Bref... faire ou ne pas faire...
Le paysage youtube départemental est au niveau de la fracture numérique... oui la lourde responsabilité de l'aveuglement des élus dans ce domaine se mesure également sur ce portail de la vidéo.

Youtube versant lotois, le leader, mi 2016, était *"Tourisme dans le Lot"*, un compte sûrement géré par le département car le site internet est celui de... *"tourisme lot"*... et le compte twitter note *"Agence de Développement Touristique du Lot."*
Une chaîne créée le 14 décembre 2009. 366 abonnés le 17 octobre. J'en étais à 64.
La chaîne de *l'Office de Tourisme Cahors Saint-Cirq Lapopie*, créée le 7 septembre 2011, à 47 abonnés.
"*Télé Figeac*", depuis le 11 mai 2007... 36 abonnés. Pourtant la chaîne de la télévision locale associative.
"*TC Figeac*" : 45 abonnés.
9 juillet 2017... 214 abonnés...
    Tourisme dans le Lot : 434
    Média 46 : 151
    La Dépêche du Midi vidéos : 147
    TC Figeac : 63
    Office de Tourisme Cahors Saint-Cirq Lapopie : 54
    SaintÉtienne46TV : 50 (réalisations des élèves de l'ensemble scolaire Saint-Étienne de Cahors)
    Télé Figeac : 42
    Refuge Canin Lotois Cahors : 33
    Aurélien Pradié : 27
    Georges Vigouroux : 19

Je suis Anna Blume !

Comme un écrivain indépendant

En 1987, Paul Auster publiait "*In the Country of Last Things*", au pays des choses dernières. Mais la traduction française fut lancée sous le titre "*Le Voyage d'Anna*

Blume." Une très mauvaise initiative. Car il s'agit bien d'un voyage au pays des choses dernières.

Sous la forme d'une lettre dont on ignore la manière dont elle a pu sortir de cet enfer, Anna Blume raconte l'histoire de son errance sur un territoire coupé du monde, où elle a décidé de se rendre à la recherche de son frère. Dans ce « pays des choses dernières », il s'agit de survivre.

« Il n'y a rien que les gens se retiennent de faire, et le plus vite tu l'auras compris, le mieux tu te porteras. »

« Tôt ou tard, vient un moment où l'on ne fait plus l'effort de se relever. »

« On pouvait travailler tant qu'on voulait, il n'y avait aucune possibilité de ne pas échouer. »

« Tu ne peux survivre que si rien ne t'est nécessaire. »

La France n'est pas ce « pays des choses dernières » ! Il faut certes accepter "une certaine pauvreté" pour vivre sans s'agenouiller (ou alors posséder un immense talent prétendront peut-être certains sans sourire)...

Jusqu'au jour où un "expert" signera le papier nécessaire et suffisant, naturellement pour le bien d'un vilain « *connu pour son comportement marginal et son emportement à l'égard d'autrui* », et l'écrivain mâté sera placé. Il « *vivait dans des conditions d'hygiène déplorables* » ! Il se trouvera toujours des "experts" pour ce genre de formalités bien rémunérées, comme il s'en trouvait pour envoyer dans un camp de rééducation ou d'extermination. Ou alors, il suffit d'une plainte avec certificat médical, une « dénonciation calomnieuse », et tu te retrouves au sous-sol, photographié, les mains sales pour de multiples empreintes, et un prélèvement ADN. Les mains sales et la nausée... Naturellement "tout est détruit" quand tu es innocenté... (même les copies planquées dans l'abri anti-atomique de la place Beauveau-sous-la-Mer ?) Sauf l'humiliation subie...

Les structures existent... une grande partie du personnel

semble disposée à suivre un règlement plus "sévère". De toute manière les récalcitrants seront remplacés.
Le "grand public" ignore la réalité de ces structures, les exécutants se taisent... tenus au secret "professionnel", et les victimes en sortent rarement en état de témoigner... elles sont "rééduquées"... la médecine a réalisé tellement de progrès depuis Staline... Comme les communistes aimeraient revenir au pouvoir !!! La camisole chimique lobotomise... Il n'y aura bientôt plus de place pour les "marginaux"... Donc il n'y aura plus d'écrivains... (mais ils auront le pouvoir médiatique de prétendre écrivain tout pantin... c'est déjà d'actualité ?)
Paul Auster a connu cette sensation du "peu importe ce que je fais, je n'ai aucune chance de réussir à vivre décemment dans cette société" : « *tout au plus me voyais-je mener une sorte d'existence marginale - glaner des miettes aux confins du monde du travail, vivre la vie du poète démuni* » (*le diable par la queue*)
Avec « excursions dans la zone intérieure » Paul Auster livre surement sa première rencontre avec l'impression du "tu n'as aucune chance de t'en sortir ; dès que tu auras la tête hors de l'eau, dis-toi bien qu'il s'agit d'une illusion, que tu seras rattrapé par ton *destin*". C'est ce que pourrait penser James Allen, ce « *citoyen du pays de la Déveine.* » Auster avait 14 ans quand il a vu le film « *je suis un évadé.* »
Nous sommes des évadés, d'un lieu imposé, conseillé, d'un entonnoir. Nous... quand j'écris nous, je pense à ? Lui, Michel Houellebecq, Philippe Djian... Ajoutez votre nom si vous également...

Il y a les évadés et ceux qui les piègent, attrapent, les font taire. Non, je ne donnerai pas de nom. C'est inutile. Interchangeables ! L'Histoire jugera. Enfin... tout sera sûrement oublié. Sauf si comme Sénèque, je fais passer quelques Lucilius à la postérité !

Cela vous donne envie de lire ce roman de Paul Auster ?

Montcuq... sa bibliothèque...

Certains auteurs n'entrent pas à la bibliothèque de Montcuq

Au salon du livre 2016, nous n'avons vu aucun représentant officiel de la bibliothèque, pourtant subventionnée par l'argent public.

La bibliothèque médiathèque n'est pas partenaire en 2017 ! Étonnant, non ?

Dommage. Ce salon du livre pourrait être l'occasion de réunir celles et ceux intéressés par la littérature. Nous ne sommes pourtant pas nombreux !

La littérature devrait réunir dans la diversité.

J'ai envoyé des mails, noté l'esprit d'ouverture. Même après l'absence de réponse en 2016, j'ai réitéré. Il vaut mieux en sourire ? (oui, je note ici, cela pourrait déplaire mais il faut raconter...)

Peut-on prétendre soutenir la littérature et la placer en dessous de dogmes policos-claniques (pas trouvé mieux) ? Vous pouvez ne pas avoir apprécié certaines de mes chroniques mais elles étaient sincères, cohérentes, franches... et justes !

Vidéo d'annonce de la sortie

Entre les deux Tours de Montcuq

Vendredi 14 juillet, sera publié « *Montcuq en Quercy Blanc 13 août 2017 - Le salon du livre 2eme*. » Il ne s'agit pas d'un catalogue des écrivains invités mais d'une œuvre de compréhension de la vie littéraire contemporaine. Trente-deux auteurs ont répondu à mes questions, sur leur parcours, leur approche de l'écriture.

Des élus ont également reçu un "questionnaire de Montcuq". En 2016, cette initiative fut... "snobée" : aucune réponse. Donc il y a progrès !...

Afin de permettre d'insérer d'autres contributions, trois *lettres à Lucilius*, issues de ma réécriture de cette œuvre majeure, sont notées. Elles s'éclipseront peut-être pour permettre de modifier le contenu sans influer sur la pagination, ce qui entraînerait, en papier, l'obligation d'utiliser un autre titre.

Sénèque interrogeait déjà, il y a presque 2000 ans, la vie, la mort, notre incapacité à vivre le présent en accordant de l'importance au passé, en se projetant dans un futur. Son stoïcisme dans la réalité reste un enseignement essentiel. Qui plus est, il fut sûrement le premier véritable écrivain majeur de notre tradition littéraire.

Ce bouquin est vendu 10 euros en vrai papier. Gratuit en numérique. « *Montcuq en Quercy Blanc 13 août 2017 - Le salon du livre 2eme*. » Le titre est explicite ! Ce salon du livre est le seul en France pour lequel une telle œuvre est éditée. Il serait dommage que vous passiez à côté.

Montcuq en Quercy Blanc 13 août 2017
Le salon du livre 2ème

7	Edito	
9	Vous débutez ce livre...	
10	Retour de la question d'annuler le salon du livre	
13	Auteurs	
	Chantal **Antunes**	43
	Jean-Claude **Bachelerie**	74
	Colette **Brogniart**	35
	Nelly **Calarco**	67
	Jean-Michel **Chevry**	38
	Gilbert **Costa**	63
	Thierry **Delrieu**	77
	Philippe **De Riemaecker**	81
	Christian **Eychloma**	45
	Gérard **Glatt**	15
	Roland **Hureaux**	33
	Claude **Janvier**	53
	Jack **Karoll**	64
	Maïté **Lauzely-Darbon**	69
	Monique **Mahenc**	48
	André **Maron**	80
	Philippe **Mellet**	40
	Jacques **Nunez-Teodoro**	49
	Magda **Pascarel**	52
	Brigitte **Perrault**	54
	Robert **Perrin**	72
	Françoise **Poupart**	31
	Claude **Rannou**	70
	Christian **Robin**	78
	Rémi **Ros**	46
	Monique **Serey**	59
	Patrice **Sopel**	56
	Bernard **Stimbre**	60
	Stéphane **Terdream**	83
	Thomas **Touzel**	68
	Sylvain **Yardin-Suzan**	66

90	Le « miracle » de Montcuq avec le maire, l'écrivain et la préfète...
92	13 août 2017... avec Nostradamus
94	L'absente d'honneur
96	Questionnaire des élus & personnalités...

    Aurélien Pradié   96
    Alain Lalabarde   98
    Patrice Caumon   100
    Les autres   101
    Lettre à Lucilius   103

106	En 2018, une troisième édition ?
109	www.montcuq.tv
111	Je suis Anna Blume !
114	Montcuq... sa bibliothèque...
115	Vidéo d'annonce de la sortie
118	Mentions légales

Partenaires du salon du livre 2017 :

- La commune de Montcuq en Quercy Blanc
- La Vie Quercynoise
- Le Crédit Agricole
- www.montcuq.tv

Mentions légales

Tous droits de traduction, de reproduction, d'utilisation, d'interprétation et d'adaptation réservés pour tous pays, pour toutes planètes, pour tous univers.

Dépôt légal à la publication au format ebook du 14 juillet 2017.

Imprimé par CreateSpace, An Amazon.com Company pour le compte de l'auteur-éditeur indépendant.

ISBN 978-2-36541-742-6
EAN 9782365417426
Montcuq en Quercy Blanc 13 août 2017 - Le salon du livre **2eme de Stéphane Terdream**
© Jean-Luc PETIT - BP 17 - 46800 Montcuq en Quercy Blanc France

www.ingramcontent.com/pod-product-compliance
Lightning Source LLC
Chambersburg PA
CBHW070618050426
42450CB00011B/3079